Über die Religion
Reden an die Gebildeten unter ihren Verächtern

F.D.E.Schleiermacher

论宗教

——对蔑视宗教的有教养者讲话

［德］施莱尔马赫　著

邓安庆　译

人民出版社

历代基督教思想经典文库

策划　杨熙南

文库学术委员
（以中文姓氏笔画顺序）

王晓朝
北京　清华大学哲学系

李秋零
北京　中国人民大学哲学系

陈佐人
美国　西雅图大学神学及宗教学系

赖品超
香港　中文大学宗教系

目 录
CONTENTS

中译本导言

邓安庆

随着启蒙运动的开展，现代性的宗教批判使得基督教声名扫地。其直接的表面后果之一，就是人们不再愿意进教堂，不再愿意去听牧师的布道了；而其深层的后果之一，即是现代人在失去了宗教信仰之后不得不在一个无救恩的俗世中，仅仅依靠微弱的一己之力在充满丑恶的、冰冷的人生境遇中孤独地生存。但在 18 世纪末、向 19 世纪迈进的德国柏林，有一位风流倜傥的年轻牧师试图改变这一不幸状况，他不仅以其渊博的学识、饱满的激情和虔敬的信念把许多人（当然主要是贵妇人）吸引到教堂来，让他们感受到听他的布道是一种精神的享受，而且他也以哲学的雄辩、科学的实证和宗教的经验深深打动了现时代蔑视宗教的有教养者的心灵，创立了具有"现代典范"的基督教哲学和信仰体系。这个人就是施莱尔马赫（F. D. E. Schleiermacher, 1768—1834）。

施莱尔马赫在神学上的名声，在宗教学界简直是无人不知、无人不晓。当然，作为一个严肃的学术问题，像任何伟人一样，其地位也不会是无争议的。坚定地站在施莱尔马赫一边的当代系统神学家蒂利希（Paul Tillich，另译田立克）毫不含糊地说："他是现代新教神学之父。在 19 世纪和 20 世纪时，他的地位是公认的。"[①] 但是，由于后来以巴特（Karl Barth）为首的新正统神学开启了另一种神学的可能，他的门徒于是便企图剥脱施莱尔马赫作为现代新教神学之父的地位，对他进行了许多激烈的批评。但即便如此，巴特本人还是给予了他高度评价："最近时代神学史上的首要地位归于并将永远归于施莱尔马赫，无人能与他竞争"，"我们面对的是一位英雄，是神学中难以得到的那种英雄。任何人如果没注意到（或从未屈从于）这位人物发出的和仍在放射的光芒，都可以可敬地越过他而采纳其他的、也许是更好的方式。但是请别对施莱尔马赫作哪怕是十分轻微的指责。任何人在此如果不曾爱过，而且如果不会一再地爱的话，那也不会恨。"[②] 来自敌手的这种无与伦比的赞词比任何一个后继者的颂歌都更加真实而可贵。

　　与他在神学上的名望与地位相比，施莱尔马赫在哲学上的知名度则相当逊色。尽管严格说来，他应该是后康德时代德国古典哲学的一位伟大的哲学家；[③] 他作为《柏拉图全集》的德文译者，将辩证法推进到所有文化领域作为至高无上的同一性原则；作为亚里士多德《尼各马可伦理学》（*Nikomachische*

---

① ［美］蒂利希：《基督教思想史》，尹大贻译，香港道风书社 2004 年版，第 495 页。

② Karl Barth：《十九世纪的新教神学》（*Die protestantische Theologie im 19. Jahrhundert*; Zürich, 1952），第 380—381 页；译文引自汉斯·昆：《基督教大思想家》，包利民译，香港汉语基督教文化研究所 1995 年版，第 196 页。

③ 有兴趣的读者可参见邓安庆：《施莱尔马赫》，台北三民书局 1999 年版。

Ethik）的德文译者，他是康德伦理学最早的系统批判者，将古典的德性与浪漫主义的情感紧密结合，将虔诚的信仰和自由的个体性注入冷酷的理性主体性哲学中；作为著名的注经学、教义学家，他把诠释学从单一专门的诠释技艺提升到作为人文科学普遍方法论的哲学。这一切都是他作为一个伟大哲学家的明证，无人能撼动其地位。但可悲的是，我们的德国古典哲学视野一直深受黑格尔哲学史观之害，把施莱尔马赫仅仅作为世界精神所要克服的主观性、个别性的发展环节，从而把他与其他浪漫主义者一起作为与费希特（J. G. Fichte）哲学相联系的几个方面之一而打入了冷宫。①

职是之故，在汉语哲学界，不仅一般学人对施莱尔马赫知之甚少，就是专治德国古典哲学的专家，对之也所知不多。有鉴于此，现在呈现在读者面前的是第一部从德文原版译成汉语的施莱尔马赫著作，所以，我们实有必要先了解其人，再阐释其学。

一、施莱尔马赫：一个"古典时代"的现代人

施莱尔马赫出生时，康德已经 44 岁了，但还处在从"前批判哲学"向"批判哲学"转变的过渡之中，他开启德国古典哲学之革命的标志性著作《纯粹理性批判》（*Kritik der reinen Vernunft*，1781）出版时，施莱尔马赫已经是个 13 岁的少年了。而费希特只比施莱尔马赫大六岁，黑格尔和贝多芬则比他还小两岁，谢林（F. W. J. Schelling）则比他小七岁。因此，他们都是德国古典哲学的同时代人。

---

① 参见黑格尔：《哲学史讲演录》，第四卷，费希特部分，贺麟、王太庆译，商务印书馆 1959 年版。

　　要理解这个德国古典时代的人，如何成为一个"现代人"，我们必须首先了解他所受的文化教育对他的塑型作用。

　　施莱尔马赫出生在改革派牧师的家庭，祖父和父亲都属于虔敬派，这一点与康德类似。虔敬主义（Pietismus）尽管在英美神学界无声无息，但对于德国宗教和哲学却是十分重要，最起码在康德和施莱尔马赫后来的思想中都留下了很深的烙印。虔敬主义是从路德宗（Lutheranism）发展出来，但拒不接受成为新正统的路德宗，因为虔敬派的主要特色，就是强调虔诚信仰的主观方面，即自由地因信称义，神秘地与上帝合一，而几乎所有的正统主义神学都是强调教义的客观方面，强调教会这个权威的中介。在这一点上虔敬主义与启蒙理性主义一样，反对这种权威的、客观的教义正统主义。但它与启蒙理性主义不一样之处在于，它不相信理智和知识对于信仰的意义，而相信直观和情感这些主观灵性的"内在之光"。由此看来，不理解虔敬主义，我们就很难理解施莱尔马赫。

　　几乎可以说，虔敬主义的家庭气氛，命定性地决定了施莱尔马赫的精神定向。由于母亲早逝，父亲再娶，施莱尔马赫从小就被托付给兄弟会的寄宿学校，17岁时上了一所神学院学习神学。但也像我们时下许多家庭让小孩从小苦练钢琴，而反叛的小孩长大后就绝不想再碰钢琴一样，青年施莱尔马赫也由于偷看"禁书"，而助长了心中根深蒂固地对一些神学观念的怀疑。刚出版不久的康德的《任何一种能够作为科学而出现的未来形而上学导论》（*Prolegomena zu einer jeden künftigen Metaphysik, die als Wissenschaft wird auftreten können*）成为中学生施莱尔马赫偷偷阅读的书目。对康德哲学等哲学人文学术的学习，尽管还不能马上让他学会以启蒙理性主义的眼光来观察世界，但直接导致了他这位早熟的天才认真对待心中的疑惑，而且他正是以内心并不能感受到那种与上帝神秘交感与合一的体验，而向父亲提出转学的要求。尽管父亲不情愿，但施莱尔马赫有个舅父在哈勒大学（Universität Halle），在其调解下，1787年19岁的施莱尔马赫转学到了哈勒大学。

哈勒大学本来是按虔敬派精神建立的，施莱尔马赫来到该校时，在总共1156个学生当中，就有800人是学神学的，但尽管如此，由于有一大批人文学者在此任教，使它成为德国启蒙运动的堡垒之一。施莱尔马赫在哈勒大学的老师是语文学家、神学家沃尔夫（F. A. Wolf）也是著名的人文学者，后来也成为柏林洪堡大学（Humboldt-Universität zu Berlin）的教授。在他的指导下，施莱尔马赫攻读古典希腊经典作家的作品，并开始翻译亚里士多德的《尼各马可伦理学》。刚出版的康德的《实践理性批判》（Kritik der praktischen Vernunft）也是他认真阅读的重点。他对康德的自由的问题很感兴趣，但他承认，他从未领受过康德绝对道德命令的威力；相反，他更加重视的是德性，而非义务，这说明在伦理学上，亚里士多德对他留下了更多的烙印。

怀疑精神、启蒙理性、自由与正义、丰富的人文学识，这些塑造现代人精神品格的东西，在施莱尔马赫身上都已具备了。大学毕业后，他像大多数德国人一样，先当了两年多的家庭教师，到1794年被授予助理牧师之职，开始了一辈子的神学事业。

牧师这职业营造了施莱尔马赫这个"现代人"生活的另一维度：丰富的社交。他不仅乐于社交，而且努力按照虔敬派的精神把社交塑造成自由、自主并追求灵性生命的人们的一种更加崇高的生活形式，以这种更高的、更合乎现代人性的生活形式来改造正统教会的概念：教会是一个自由地享受灵性生活、追求精神上志同道合者们自由交谈的会社，这种交谈不是婆婆妈妈的扯谈，而且交流内心对上帝话语的聆听，共同参与对无限的体验之情。

丰富的社交使施莱尔马赫赢得了社交界的尊重，特别是赢得了不少女性的友谊和爱情。早在他担任施洛比滕（Schlobitten）的多纳（Dohna）伯爵家庭教师时，就与这家娇媚的小姐产生了爱情，可惜这位小姐红颜薄命，早离人世。而后，他在担任柏林夏丽特（Charité）慈善医院的牧师，并加入柏林浪漫派之后，又与一位牧师的太太格鲁诺（Eleonore Grunow）由起初的精神友谊演变成热恋。这段恋爱对这位婚姻不幸的太太而言是精神的抚慰和体贴的幸福，但对于这位年轻牧师而言则是激情的煎熬和失望的悲痛。最终格鲁诺因害怕离婚而回到了她那自私乏味的丈夫身边，而施莱尔马赫则被教会流放到寒冷偏僻的施托尔普（Stolp）去照顾几个改革派的基督徒。

有人说，是因为施莱尔马赫有驼背这一身体残缺使得他对女性的温情特别敏感，我倒觉得，这是追求个性与自由的一代新人经过启蒙所解放出来的一种新的本性，这种本性把浪漫的爱情视为生命意义的象征，是将枯燥的生活散文诗意化的必要构成部分。也正是这种本性，使得他与浪漫派首领施勒格尔（K. W. F. Schlegel）成为至交。两人在柏林仍是单身时，同居一室，自称"美满婚姻"，还胡闹式地两人自己举办过"婚礼"。他们与当时的耶拿（Jena）浪漫派一起，成为塑造新的现代性典范的文化精英和遏制启蒙理性之偏颇的一支特别耀眼的文化力量。就像谢林的浪漫主义把启蒙的思辨哲学引向自然之诗化，把理智反思的逻辑能力向艺术的审美直观提升那样，施莱尔马赫的浪漫主义则让现代人更多地重新关注宗教信仰的意义。信仰的生活是一种灵性（精神）的生活，宗教不仅仅是直观，而且同时是情感，是对无限者的绝对依靠。没有依靠，失去灵性的生活是生活的无意义的异化。

这样的"情感"宗教，即是施莱尔马赫与浪漫派交往的结果，同时也是其现代性宗教典范的标志。正是这个"标志"使他作为一个"现代人"有了与众不同的个性：一般的现代人是反宗教的、无信仰的；而他恰恰是要成为这样的人：既是现代的，又是宗教的。

在康德逝世的 1804 年，施莱尔马赫成为其母校哈勒大学神学系的副教授。两年之后，哈勒大学由于普鲁士在与拿破仑的战争中失败而被迫关闭，施莱尔马赫回到柏林成为一个自由职业者。1809 年由于普鲁士反思战败的教训，立志创办一所新的大学，培养国人的人文精神，引领世界的精神潮流，在著名的人文学者洪堡（Wilhelm von Humboldt）的领导下，费希特和施莱尔马赫都是这所大学之精神和建制的设计师。施莱尔马赫为此专门写了一部著作：《关于德国式大学的基本构想——论将要建立的一所新大学》（*Gelegentliche Gedanken über Universität im deutschen Sinne-nebst einem Anhang über eine neu zu errichtende*）。① 这所大学就是后来著名的柏林大学（Universität Berlin），即现今的柏林洪堡大学（Humboldt - Universität zu Berlin）。1810 年施莱尔马赫成为该校第一任神学院院长及神学教授。1815 年成为该校校长，其学术和人生的辉煌都是与柏林大学连在一起的。

---

① 施莱尔马赫在这部著作中表达的大学之理念及其院系建制的构想，请参见邓安庆：《施莱尔马赫》，第 28—30 页。

二、谁是"蔑视宗教的有教养者"

《论宗教》(*Über die Religion*)的副标题是"对蔑视宗教的有教养者讲话"(Reden an die Gebildeten unter ihren Verächtern),于是我们阅读此书时自然会问,这指的是谁?在行文中,他也很少指名道姓,而是直接称"你们"如何如何,因此我们必须弄清楚,他说的"你们"究竟指的是哪些人。

要弄清楚这一所指,我们首先要知道,现代有教养阶层中谁最蔑视宗教?在施莱尔马赫心中,有比无神论更反宗教的东西,他明确地说:

在宗教中上帝的理念并不像你们以为的那样高,在真正的宗教性情者当中,对于上帝存在也从未出现过狂热者(Eiferer)、躁动者(Enthusiasten)或迷狂者(Schwärmer)。他们极其冷静地看待自己身边的那些被称之为无神论的人,而且他们认为,始终都存在着比无神论更加反宗教的东西。上帝在宗教中也无非只是作为行动者出现而已,而宇宙的神圣生命和行动还是无人能加以否认,用这个实存着的和发布命令的上帝,宗教什么也干不了,就像你们也丝毫不能让物理学家和道德学家虔敬上帝一样,这正是他们可悲的误解,并将永远是他们可悲的误解。①

因此,他所指的"蔑视宗教的有教养者",应该是指启蒙运动以来在理性基础上形成各种所谓"理性神学"的启蒙学

---

① F. D. E. Schleiermacher:《论宗教》(*Über die Religion: Reden an die Gebildeten unter ihren Verächtern*),载《施莱尔马赫著作集》(*Schleiermachers Werke; Vierter Band*,按照第二版〔Leipzig, 1928〕印刷)第四卷,第 288 页。(此页码为本书边码,全书同。中译本见本书)

者。较远的有英国的"自然神论"（teism）、荷兰的斯宾诺莎（Baruch Spinoza）的泛神论（pantheism）、较近的有德国康德和费希特的"道德神学"。

自然神论是 17 世纪从牛顿力学的第一推动力原理和洛克（John Locke）的经验主义哲学中发展出来的一个旨在以实际的方式运用哲学解决神学问题知识分子的运动，它特别批判了正统神学的超自然主义和神迹的因素。其主要的代表作，托兰（John Toland）的《基督教并不神秘》（*Christianity Not Myste-rious; or, A Treatise Shewing That There Is Nothing in the Gospel Contrary to Reason, Nor Above It: And That No Christian Doctrine Can Be Properly Call'd a Mystery*），用了一个非常冗长的副标题来说明其主要思想："或一本证明在福音书中没有任何违背理性并超越理性东西的论著：以及恰当地说明任何基督教的教义都不能称之为神秘的论著"。因此，这种"神学"的结果仅仅是承认上帝作为世界的创造者具有"第一推动者"的作用，但并不干预世界本身的事务，由此造成上帝与世界的隔绝与分离。这是后来启蒙神学的基础。就像英国贵族阶层普遍认为自然神论对宗教的理性批判是粗俗的一样，①这一启蒙神学的基础也是施莱尔马赫所不能认同的；相反，他认为所有的宗教开端都具有神秘的因素，宗教不是理性的事，而是情感的事。因此，自然神论者自然成为其批判的对象。

与自然神论相反，泛神论不是要把上帝与世界隔离开来，而是把上帝与世界"同一"起来。但是，对于泛神论这个概念，不仅在英美宗教界，而且在欧洲大陆，对它的表述一直存在着误解。许多学者由此遭难：费希特被指摘为"泛神

---

① ［美］蒂利希：《基督教思想史》，第 497—498 页。

论"，而"泛神论"在当时的德国就是"无神论"的代名词，因此使他在 1798 年被耶拿大学（Friedrich-Schiller-Universität Jena）解除了教授职务。施莱尔马赫和谢林也都受到了同样的指摘。对泛神论的最大误解出在系词"是"上。例如"上帝是万物"（Gott ist Alles）或者《圣经》上的"上帝是一切中的一切"（Gott ist alles im allem），按一般理解的"是"具有"等同"的意思，A ist B 就是 A 等于 B，即上帝等于万物，上帝等于世界。最早起来反对对"同一性"这种误解的，是哲学家谢林。他也是由于有人指摘他的哲学是斯宾诺莎式的泛神论，而奋起批判一般人对于泛神论理解上的错误。他认为，"是"这个系词的确具有"同一性"，但这种"同一"不是指 A 等于 B，而是说 B 作为 A 的谓词是根源于 A 的。① 这就对泛神论作出了一种合理的解释，即泛神论不是说上帝等于万物，而是说上帝是万物之根源，并临在于万物之中。

　　施莱尔马赫与泛神论的关系有点特别，他早年像谢林一样，研究过斯宾诺莎，曾深受其影响。在《论宗教》的第 243 页和第 286 页② 毫不掩饰地对斯宾诺莎表达过赞美，但是他既反对把上帝隔绝在世界之外的自然神论，也反对把上帝等于世界万物的被错误理解的泛神论，而且，毕竟斯宾诺莎的泛神论是以"实体"自因的思辨形式表达出来的哲学学说，他要拒绝一切哲学的宗教观念，必然也要反对泛神论这种形式。我们看到，在《论宗教》之后的《独白》（Monologen; 1800）中，他就以"自由"为基本概念，摆脱了斯宾诺莎的决定论，而在他的《辩证法》（Dialektik）中断然否定了上帝和世界的同一性，

---

　　① 参见谢林:《论人类自由的本质及其与之相关对象的哲学研究》，邓安庆译，商务印书馆 2008 年版。

　　② 这里指原书第 243 页和第 286 页。

因而也就拒绝了泛神论"①。

在《论宗教》出版之前，除了费希特因无神论之争被解除教职这一重大事件之外，在学术上有三部著作是施莱尔马赫必须从宗教哲学上加以响应的，这就是：1792 年费希特出版的《试评一切天启》(*Versuch einer Kritik aller Offenbarung*)、1793 年康德出版的《单纯理性限度内的宗教》(*Die Religion innerhalb der Grenzen der bloßen Vernunft*) 和 1795—1796 年谢林或荷尔德林 (Friedrich Hölderlin) 的《德国唯心主义最早的体系纲要》(*Das älteste Systemprogramm des deutschen Idealismus*)。这三部著作代表了德国启蒙运动之后理性主义和浪漫主义两种不同的解决现代人信仰的形式，因此，代表了新一代知识分子新的宗教及哲学，只有理解了施莱尔马赫对此的态度，我们才能理解施莱尔马赫的《论宗教》的基本语境。

《试评一切天启》是费希特的成名作，这部书如此闻名与这部书出版时未署作者之名而使人们误解这是一部康德宗教哲学的新著有关。但就其思想实质而言，人们的这一"美丽的误解"也不是没有道理的，因为它确实表达了康德"道德神学"的基本思想：从人类最高的道德完善的实践理性需要推导出上帝临在的必要性。由于这样的上帝概念，只是基于实践理性高级的道德完善的欲求能力，因此本身是合乎理性的，费希特就由此进一步推论出，上帝概念高于天启概念，上帝通过天启将自身宣誓为道德立法者。

这样的观念直接来源于康德，但施莱尔马赫对康德一直保留着非常复杂的态度，虽对他的哲学表示崇敬，但又不同意他

① 参见卡岑巴赫 (F. W. Katzenbach)：《施莱尔马赫》，任立译，中国社会科学出版社 1990 年版，第 144 页。

的主体性伦理学和道德神学，因此一直要对之进行批判。其中最主要的过节在于，康德的道德神学是"单纯理性限度内的宗教"，它是从维护实践理性一以贯之的道德自主性为出发点和归宿。而施莱尔马赫认为，这种表面上对上帝的敬重是现时代最渎神的思想，而他相反恰恰是要维护宗教领域的自主性，这个领域不是主体性的，而是个体性与社会性的；不是理性的，而是情感的；不是行动的，而是直观的，而且它同样是以康德孜孜以求的自由为目的，只是这种自由，不是康德的道德自律的自由，而是内心的自由（自由意识）与社会自由（基督徒的团契）的有机结合。在这样的思想支配下，道德与宗教的混合物成为他批判的最主要靶子，康德与费希特成为"蔑视宗教的有教养者"的隐蔽的后台老板。

尽管施莱尔马赫与浪漫派成员私交至深，但他们的艺术宗教或审美宗教同样是施莱尔马赫要与之论争并加以批判的对象。1795—1796 年的冬季，在谢林、荷尔德林和黑格尔之间有了一份宣言般的纲要流传着，这份纲要直到 1917 年才由罗森茨崴格（Franz Rosenzweig）以《德国唯心主义最早的体系纲要》为题出版，世人才得以知道，因此至今谁也说不清它的作者究竟是他们中的哪一个。谢林研究者考证说是谢林先提出来的，然后给其余两人过目和讨论，荷尔德林研究者说是荷尔德林的，而黑格尔研究者则说是黑格尔的。我们可以不管这些"版权之争"，我们要交代的是，这份纲要确实代表了当时浪漫主义者审美宗教的基本理念，在此纲要的最后这样说："现在我坚信，理性的最高行动，是一种审美的行动，而且，真和善只有在美之中才结成姐妹。哲学家必须像诗人……具有同样多的审美力量。"诗必将再次成为主导性的东西，"它最终又将变成它的最初所是：人性的女教师；因为即便哲学、历史都不复存在，诗也将单独与所有余下的科学和艺术一起幸存下去"；
的确，诗将协助并开创这个时代如此迫切需要的一种新的"感
性宗教"；"……我们必须要有一种新的神话，但这种神话必须
志在服务于理念。"在另一处又说：理性的种种理念需要一种
新的神话的外衣，我们必须重新将它"神话化，因此民族也将
从神话那里被理解。所以，在哲学家和神父之间……需要一种
新的纽带。"①这种神话化的时代需要以及谢林后期的"神话哲
学"建构，就是后来阿多诺所说的"启蒙倒退为神话"的"启
蒙辩证"的证据。正如道德、哲学、形而上学不能混入宗教一
样，施莱尔马赫也坚决反对把艺术、审美能混同到宗教意识中
来。尽管这份宣言可以看作是渴求一切存在之美与和谐的一代
青年人的信仰表白，在这种表白中人们看出了现时代的人有了
一种内在的宗教需要，需要有一种自天而降的更高的精神，必
须在我们中间创立这种新的"感性宗教"，但"感性宗教"不
能直接等同于"神话"。神话是宗教的素材，但绝不能直接用
作现代人的宗教。因此，浪漫主义的宗教观也在《论宗教》中
受到了匿名的批判。

我们之所以要花这么大的篇幅来解读"蔑视宗教的有教养
者"这一副标题，目的就是借此阐释《论宗教》出版之前知识
界对待宗教的态度，这些都是我们准确理解施莱尔马赫宗教观
念的必要前提。不牢牢地掌握这些知识前提，而仅仅从一般的
宗教思想史上了解到一些对施莱尔马赫宗教观的片段式的介

---

① 转引自谢林：《论人类自由的本质及其与之相关对象的哲学研究》，
新版德文编者导论，第 4 页。关于《德国唯心主义最早的体系纲要》这篇文
章的中译本，可参见刘小枫译，《德国唯心主义最早的体系纲要》，载《德国
哲学》，北京大学出版社，第一辑，第 188—190 页。还可参见荷尔德林：《荷
尔德林文集》，戴辉译，商务印书馆 2003 年版，第 281—283 页。

绍，我们就只能认识一个残缺不全的施莱尔马赫。蒂利希对此
说得非常好："你最好是忘记（那些片面的说明）。因为这样做
是没有意义的，你不能为他辩护，你也不能攻击他。如果你攻
击他，那你就完全错了。如果你打算为他辩护，那你又没有能
力这样做。你必须从一个观念的来源去了解这个观念。你必须
知道否定的涵义，了解一个人卷进去了的斗争，了解他所反对
的论敌，了解他所接受的前提条件。如果你不了解这些东西，
那么当你研究像施莱尔马赫这样重要的人物时，则任何事物都
变成歪曲的了。"①

三、《论宗教》的主要内容

《论宗教》一共有五讲。

第一讲的标题是"申辩"（Apologie）。"申辩"的原意就
是像苏格拉底一样，在法庭审判时对受到的各种指控作出回
答和辩护。基督教神学一开始在罗马帝国时期从"异教"变
成"国教"，就伴随着各种"申辩"，以至于后来形成了庞大
的"护教学"。启蒙运动是基督教在近代遭受的最大危机的表
现，启蒙学者对基督教作出了各种批评和指摘，如果不能从神
学上、宗教哲学上对这些批判和责难作出有效的回答，基督教
的没落就不可避免。

施莱尔马赫自觉地承担起了这一使命，尽管他意识到，由
他这个刚刚步入宗教界的小牧师来讲这样一个大家完全漠视并
十分讨厌的题目，与他的身份不合，既不明智，也不得体，但
他内心感受到了一种神圣的召唤，他出于一种内在本性和必然
性的驱使，这些东西以其天力压倒了常人渺小的顾虑。

---

① ［美］蒂利希:《基督教思想史》，第 495 页。

但他的"申辩"不是为了恢复一个旧信仰，不是像犹太复国主义那样为了再次筑起一个已经坍塌了的城墙；不是为了匡正已经倾斜了的哥特式圆柱；也不是为"你们"所指摘的个别观念作辩护。相反，其最终目的恰恰是要让知识阶层中的最优秀分子理解宗教，"我想指给你们看，宗教首先是从人性的哪些禀赋中产生出来的，以及它是如何成为你们最崇高、最珍贵的东西的；我想把你们领到庙宇的墙垛上，使你们能够眺望整个圣殿，发现它最内在的奥秘。"①

施莱尔马赫相信，信仰自古以来就不是每个人的事，永远都只是少数人，即追求灵性生活的人才能理解宗教："你们怎能认真地指望我会相信，那些整天被俗事折腾得劳累不堪的人，最适宜于取信苍天与之交好，那些鼠目寸光、忧郁不安地苦思冥想者能够放眼宇宙，那些在死气沉沉的忙碌中单调乏味地找来找去却还是找不到自我的人，会最机敏地发现生机勃发的神灵？所以我只能呼唤你们到我这里来，唯有你们才有能力超越众人的平庸立场，为了找到人类行为和思想的根据，你们不害怕踏上深入人类内在本质的艰难之路。"②

宗教源自人类心灵中对无限的内在渴慕，而启蒙运动却让人心理智起来，忙碌于俗世的功利和琐细的事物。所以，现代人成功地把尘世的生活过得如此富有和丰富多彩，在他们装潢豪华的住宅中，挂满了贤人的格言，诗人的隽句，就是没有安放神像的位置；宗教被高高挂起，没有在心中留下一点余地，有教养人士的生活与宗教全然不沾边。在神圣的静默中，也很少敬拜神性，永恒和神圣全被推入世界的彼岸。

---

① Schleiermacher:《论宗教》，载《施莱尔马赫著作集》第四卷，第222页。

② 同上。

　　因此，这种"申辩"与其说是对"蔑视宗教的有教养者"说的，毋宁说是对整个"现代人"说的；与其说是"回应"对基督教的批评，毋宁说是对受到启蒙的现代人的人生意义观的反驳。在这个启蒙与浪漫、革命与复辟风起云涌的时代，这种"申辩"是一副地道的"清醒剂"，是施莱尔马赫奉献给现代人最珍贵的礼物，因为他说过，"人所能给予人的珍贵礼物，莫过于他在心灵的最内在深处对他自己所说的话。"[①]他现在就是要与现代人进行一场敞开心扉的心灵对话，让对宗教已经陌生并深刻误解的人，从灵魂深处感受到宗教灵性生活的意义，认识到一个现代人同时应该是有宗教的。关键在于，你们现在要作出一个决断，愿意来教堂聆听我的讲话。

　　第二讲的标题是"论宗教的本质"。要明了宗教的本质，施莱尔马赫采取了类似于后来现象学（Phänomenologie）的方法，首先让人"中止判断"，因为你们所见所闻的关于宗教的种种规定，都是某种或者与科学，或者与哲学，或者与道德，或者与艺术等等混杂起来的极不地道的"炸酱面"。要知道地道的宗教是什么，我们只有回到内心，回到宗教由之发源的对无限者的直接观看：对宇宙的直观。"宇宙"在施莱尔马赫这里，不是物理学的对象，而是每个人有限的个人企图超越提升自己而追求的"无限"或"整全"之目标。因此，在这本书中的"宇宙"实际上就是"上帝"的代名词，这从他晚年的《基督信仰论》（Der christliche Glaube）等书中，以"绝对依赖感"取代"对宇宙的直观"来解释宗教的本质可以清楚地看出这一点来。我们现在还是要从对宇宙的直观来解释宗教的本质："对宇宙的直观，

---

　　① F. D. E. Schleiermacher:《独白——一个新年礼物》（Monologien-eine Neujahrsgabe），载《施莱尔马赫著作集》第四卷，（Werke 4; scientia verlag aalen, 1981），S. 403。

我请你们熟悉这个概念，它是我整个讲演的关键，它是宗教最普遍的和最高的公式，你们可以在我讲演的每个地方发现这个概念，宗教的本质和界限可以据此得到最准确的规定。"①

作为物理学的对象，我们可以说科学也是对宇宙的直观，那为什么说这是宗教的本质呢？施莱尔马赫因此首先要把科学的直观和宗教的直观之区别说清楚。他的看法是，尽管宗教也像科学那样，要观察宇宙，但它不想像科学那样去取得宇宙的知识，用知识去解释和规定宇宙的本性，因此它不是科学。不过，不是科学并不等于就是宗教，使这种"直观"与宗教联系起来的，在于以下两个要素：

第一，被直观者对直观者的影响和行动："一切直观都来自被直观者对直观者的影响，来自被直观者之本源的和独立的行动，然后由直观者合乎其本性地对之进行摄取、概括和理解……你们直观到的和察觉到的，不是事物的本性，而是事物对你们的行动。你们所知、所信的东西，远远地处在直观的彼岸；那么这就是宗教。"②在宇宙对直观者的影响和行动中，让直观者领悟到一切个别的东西都是整体的一个部分，把所有有限的东西视为无限的一种表现，这就是宗教。不过，若想超出这点之外，去深入地弄清整体的本性和实体，就不再是宗教，而是形而上学或者空洞的神话学。

第二，宗教区别于科学和知识诉求的，是直观与情感的密切关联。在施莱尔马赫的眼中，"无情感的直观什么也不是，既不会有合理的起源，也不会有正当的力量，无直观的情感也什么都不是：两者存在着并所以是某种东西，只是因为它们原

---

① 《论宗教》，载《施莱尔马赫著作集》第四卷，第243页。
② 同上。

始地是一个东西，是不可分离的"。[①] 正是在这种直观与情感的合一中，让有限的个人产生出对无限者的亲密依赖，施莱尔马赫简直像是以言情小说的笔墨，描绘出直观者拥抱无限的那种激情："它是那样地流畅和透明，就像清晨的第一缕薄雾和第一滴露水，在含苞待放的花朵间飘洒和滚动，它娇羞和温柔得就像少女的第一次接吻，它圣洁和丰腴得就像新娘的拥抱"，"我躺在无限世界的胸膛上：我在这个瞬间就是它的心灵，因为我感觉到了它的一切力量和它无限的生命，就像我自己的一样，它在这个瞬间就是我的躯体，因为我穿透它的肌肉和关节如同穿透我自己的一样，而且它的最内在的脉搏按照我的感觉和我的预感运动就像我自己的一样。"[②] 这就是宗教的情感和力量。

要拒绝启蒙时代的宗教观，除了要把宗教与科学和知识区别开来之外，还要把它与哲学（形而上学）和道德（道德宗教）区别开来。施莱尔马赫承认，宗教从来就没有纯粹地出现过，这意味着它有时与形而上学，有时与道德混同在一起。因为宇宙以及人与宇宙的关系，是宗教与形而上学共同的对象；宗教尤其对道德起着基础作用，西方人几乎普遍认为，无宗教简直就不可能有道德。但是这种关联，并不能说明宗教和它们是一丘之貉。现在是到了要把宗教与它们分开而强调各自的自主性的时候了！他坚持，形而上学和道德仅仅属于宗教的从属部分，而与宗教的本性不相干：

宗教现在要放弃对某些从属于它的东西（即形而上学和道德）的一切要求，并且抛弃人们强加于它的所有东西。它不想像形而上学那样，按照本性来规定和解释宇宙，它也不想像道

---

① 《论宗教》，载《施莱尔马赫著作集》第四卷，第254页。

② 同上。

德那样，用人的自由力量和神圣的任意性来继续塑造和完成宇宙。宗教的本质既非思维也非行动，而是直观和情感。它想直观宇宙，想聚精会神地从它自身的表现和行动来观察宇宙，它想以孩子般的被动性让自身被宇宙的直接影响所抓住和充满。于是它要同形而上学和道德在构成其本质的一切方面，在有其性格的一切影响力方面，都对立起来。……因此，宗教只有通过既完全走出思辨的领域，也完全走出实践的领域，才能坚持它自己的领域和它本身的性格，而且，只有当宗教自身和形而上学与道德并肩而立时，公共的领域才能完善丰满起来，人的本性才能从这方面得到完善。宗教向你们表明，它自身作为（形而上学和道德）那两者之必然的和不可或缺的第三者，作为它们的天然的对立面，其伟大和尊严一点儿也不比你们愿意赋予给形而上学和道德的更低……实践是技艺，思辨是科学，宗教是对无限的感觉和鉴赏。①

第三讲的标题是"论宗教的培育"（über die Bildung zur Religion）。首先要申明的是，这个译法出自谢扶雅先生，尽管译者并不认为这是一个很好的翻译，因为没有翻译出介词zu的含义。但如果考虑到 zu 在这里的意思，把它翻译为"回到宗教的培育"，当然说不通，而必须把"培育"改成"教养"或"教化"，即译成"回归宗教的教养"，才是符合这个标题的字面意思的最好译法。但是，译者又不想把 Bildung 译成"教养"或"教化"，因为"教养"或"教化"一般都有明确的谁是教育者，谁是被教育者之分，就像我们在讨论"启蒙"时，总要问"谁启蒙谁"的问题一样，这正是施莱尔马赫要批判的。因为在宗教问题上，除了上帝，谁也没有资格成为"教

---

① 《论宗教》，载《施莱尔马赫著作集》第四卷，第 240—242 页。

育者"或"教化者",他甚至说,除了宇宙(上帝),谁也不能教导我们宗教。因此,我们看到,尽管英文译者对 Bildung 的翻译比较小心,一个译本把这个标题译作 Self-formation for Religion,另一个译作 Cultivation of Religion,都避免出现"教育者"而强调"自我陶养"、"自我塑型"的作用,但也没有翻译出 zu 的含义。由于有这么多困难,我们还是像英译者和谢扶雅先生一样舍弃了 zu,而强调了"宗教的自我培育",即把每个人天生具有的宗教素质,通过直观和情感这两个宗教源泉,在自己的内心加以呵护、栽培和培育这一核心思想。这是从结果方面而言的这一讲的积极含义。

但这一讲的完整意义,依然像前两讲一样是一个"拨乱反正"的过程,即强调 zur Religion,回归宗教。由于上一讲已经阐明真正的宗教是什么,已经在宗教观念上进行了"拨乱反正",那么接下来要进行的就是在教育理念上的"拨乱反正"。"乱"在哪里呢?乱就乱在启蒙的教育观念。启蒙的目标是"开启民智",以科学的知识看待宇宙,以理性的明晰对待生活,结果我们的生活世界被概念化、散文化、枯燥化、功利化、琐细化,总而言之被物化了。温情脉脉的社会生活变成了功利算计的冷冰冰的交易场,无限丰富的人心变得狭隘和有限,奇迹、想象、诗意、审美都遭受压抑而失去了存在的根基。这是有限的人生找不到通往无限之途的根源,是灵性生活失去踪影的前提。但真正的罪魁祸首是谁呢?"是谁阻碍了宗教的兴旺呢?不是(宗教的)怀疑者和讥笑者……也不是不道德的人……而是那些理智的和实际的人,这些人在现今的世界状况下才是宗教的敌对势力。"[1]他们虐待人是从其稚嫩的儿童

---

① 《论宗教》,载《施莱尔马赫著作集》第四卷,第297页。

时代就开始，压抑他对更高东西的追求，他们摧毁青年人渴慕神奇之物和超自然东西的心情，让他们的感官被世俗对象所填满，从而失去一切精神的养料。这样一来，现代人失去了对崇高和优美的感受力，与无限宇宙之间交感互通的渠道被堵塞，宗教的衰败就是这种人为破坏的结果。

但是，宗教的萌芽是扼杀不了的，因为"人天生具有宗教的素质，就如同人天生具有别的素质一样"。① 如果灵性生活是必需的，如果圣洁的情感是有价值的，如果有限者需要具备超越的能力以通达无限，那么，宗教的这种内在禀赋就应该像其他的知识智力一样得到培养。

但如何培养呢？它不是知识，不能像传授知识那样，让人死记硬背；它不是道德，不能通过说教来灌输；它甚至也不是艺术，不能通过对大师的作品进行模仿获得创作的基本技能。"当然，在宗教中有精通的师傅（Meistertum），有年轻的门徒（Jüngerschaft），有个别千万人都想追随他的人，但这种追随不是盲目的模仿，况且，门徒不是因为你们师傅为了教育他们而造就的，相反，是因为他们为了宗教选择了师傅，你们才是师傅。谁通过讲述他自身的宗教而激发出别人心中的宗教，就不再有权力操纵这种宗教，使之把持在自身：别人的宗教也是自由的，一旦宗教活了，就走它自己的路。神圣的火花一旦在某人的心中点燃，立刻就会蔓延成为一个任意飞窜的熊熊火焰，从它自身的灵气中汲取它的养料。"② 因此，在宗教教育上，我们所能做的，只是把每个人天生具有的宗教素质，通过直观和情感这两个宗教的源泉，在我们的内心加以呵护、栽

---

① 《论宗教》，载《施莱尔马赫著作集》第四卷，第 297 页。

② 同上书，第 295 页。

培和培育。宗教教育只能促使那些想直观宇宙但还没有直观宇宙之能力的人睁开眼睛，在他直接的直观中、感动中，抓住宇宙对他的直接影响，领悟宇宙对其内在心灵的无限启示。

第四讲的标题是："论宗教中的会社，或论教会和教牧"（über das Gesellige in der Religion oder über Kirche und Priesterthum）。这里首先要说明的是"会社"这个概念的翻译，这是施莱尔马赫首先运用到宗教上的一个概念。在翻译时，译者考虑的是，他为什么既不用"社会"（Gesellschft），也不用 Geselligkeit（社会性，社交）这两个通常的概念，而非要杜撰出一个 Gesellige？我想主要是要强调它们之间的细微区别。"社会"在施莱尔马赫时代是个"世俗化"的概念，是处在家庭与国家之间的公共的经济和权利领域，因此总是与"市民"相连在一起，组成"市民社会"；而"社交"也一样，它是人们之间的一种私人性的、快乐的、轻松的交往，一般不会涉及严肃的经济、政治话题。而宗教性的社会交往，尽管在基本面上与前者没有多大差别，它也可以是轻松的、活泼的、快乐的，但由于它要谈论的是信仰，是上帝的启示及其"见证"或感悟这些神圣的话题，所以，在快乐和欢笑的常驻之地，严肃的事情本身尽管也该依顺地与诙谐和风趣结合。不过，"宗教的静观，虔敬的情感和严肃的反思，人们对此也不能像对待轻松交谈的材料那样，以细小的面包屑相互地丢过来投过去。假如是在谈论如此神圣的对象的地方，对每个问题都同时准备好了回答，对每一招呼都随时回以一个对应，这如其说是活泼，毋宁说是亵渎了。"① 基于这种考虑，Gesellige 尽管也是要强调宗教的社会性，但这是另一种社会性，一种具有更高的格调，带有圣洁

---

① 《论宗教》，载《施莱尔马赫著作集》第四卷，第319—320页。

的情感、神圣的敬畏的社会性，因此，译者为了表达出这种灵性的社会形式，把它试译为"会社"，尽管在字面上依然表达不出超世俗的含义，但意在提醒读者注意到它与日常的"社会"或"社交"是不同的。

前两讲着重于宗教"自然的"本质，从人内在的宗教禀赋培植人心中的宗教，而这一讲则着重于宗教的社会性。在施莱尔马赫看来，正如人尽管有自然本性但其本质上依然是社会性的一样，宗教的本性也是社会性。他明确地说："宗教过去是，它也必然地必须是社会性的。它不仅存在于人的本性中，而且它也完全优先地存在于它本身的本性中。"① 为什么必须和必然是社会性的呢？他提供的解释有：（一）内心的感悟必须交流，必须有见证人，有身临其境的参与者。宗教是心灵的宗教，是内心直接对宇宙的感悟和情感，但内心创造的哪怕是完善的东西，也必须与他人交流和分享，把它封闭于内心是违反人的本性的；（二）宇宙是无限的，我们在受宇宙直接感动时所能把握到的，只是宇宙的一个部分，而他不能直接达到的部分，至少要借助于一些其他媒介来感知。在相互的补充中来强化和固定宇宙留在人心中的强烈的原初印象；（三）在倾听和言说的交流中，才有活生生的宗教，只有当宗教被驱逐出活生生的社会时，它才不得不将它多重的生命隐藏在僵死的文字里；（四）宗教的会社在某种程度上是世俗秩序的废除，每个参与其中的会众既带有灵性的自由冲动，又能与所有其他人最神圣地融为一体，没有权力、地位的约束，没有世俗的欲望，只有思想之声和感觉之音的相互支持和交换，直至一切都饱满并完全被神圣和无限者所充满。因此这是自由之所，是平等之殿，是"天

---

① 《论宗教》，载《施莱尔马赫著作集》第四卷，第317页。

国的联盟，是人之社会性的最完善结晶"①，这样的"会社"应该是"社会"的楷模。

由此"会社"概念直接过渡到对"真正的教会"的理解。在他看来，真正的教会就是这样一个具有虔敬宗教感的人们自由交流宗教感悟的场所，它是会众之间的宗教团契，通过相互坦诚的交流，宗教感得以深化和完善。在真正的教会中，教牧和平信徒之间没有严格的界限，每个人既可以是牧师，也可以是平信徒。牧师并不因为其"职务"就比平信徒更有优势，因为问题的关键不在于别的，而只在于是否有真切的宗教直观和情感。自启蒙运动以来，许多哲学家与其说是批判宗教，不如更准确地说是批判现存的教会。教会在启蒙时代遭受到最严重的危机。要让蔑视宗教的有教养者信宗教，最大的问题就是要改革教会。教会的问题出在哪里呢？最主要的就是政教合一，教会与国家相混同。在政治的干预下，教会不是真信教者的自由联盟，而是充满了道德与政治的牵连。所以，在宗教领袖当中，有许多人对宗教一窍不通，在宗教成员中，许多人从来感觉不到宗教，也不想寻求宗教。他们想寻求的只不过是国家的恩赐。因此，施莱尔马赫也毫不留情地表达了他对现存教会的不满：

一个以谦恭之心去接受它所遇到的毫无用处的恩赐的社会，一个以奴颜婢膝的心甘情愿承受将其堕入腐败的重压的社会，一个就这样被异己的权力所玩弄的社会，一个让天赋于它的自由和独立性被扭曲为一种空洞的假相的社会，一个为了尾随于完全与它不相关的事物而放弃它那高贵而崇高的目的的社会，不可能是那些有特定的追求并明确地知道他们想要什么的

----

① 《论宗教》，载《施莱尔马赫著作集》第四卷，第 322 页。

人们的社会，我想，就已让我们看得清清楚楚了；而对教会社会现状的这一简短的提示，我想，最好地证明了它不是宗教人士的真正社会，它最多只是混杂了真正宗教社会的一些元素而已……假如真正的教会真有完全神圣的傲骨，就要拒绝那些它所不能使用的礼物，它当然知道，那些找到了神灵并为此共怀喜乐的会友们，在这个他们只想表现和分享他们最内在此的纯粹社群当中，真正说来，实在没有什么共同的财产必须借助于某种世俗的权力来保护，在世上他们除了需要一种语言以相互了解，除了需要一点空间以共聚一处之外，再不需要别的什么了。①

由此得出的一个基本结论就是，教会必须与国家分离！宗教曾经或者是纯个人的事情，或者是国家的事情，施莱尔马赫现在则强调宗教中的社会因素。这是一个非常现代的观念，一个具有浪漫主义色彩的教会理论。

第五讲的标题是"论诸宗教"。在这里，施莱尔马赫试图把他对"宗教本质"的理解放在历史的宗教中加以验证。但是，与后来黑格尔《宗教讲演录》中把丰富的历史上的宗教放到绝对精神发展的不同阶段上进行解读相比，施莱尔马赫在这里主要论及的宗教类型无疑是少得可怜。但鉴于这种差别，是否可以说施莱尔马赫关于宗教历史的知识就要比黑格尔贫乏得多呢？只能说也许如此吧，但这并非涉及本质性的东西。在这一讲，施莱尔马赫本质性的东西不是让读者增长宗教历史的知识，毋宁说还只是为了通过对启蒙运动以来的"现代宗教"类型的辨析，巩固他自身关于真正的宗教精神的理解，以便让现代人从那些似是而非的宗教中解脱出来，回到"本真"的基

---

① 《论宗教》，载《施莱尔马赫著作集》第四卷，第341—342页。

督教中来。

　　按照他前面对宗教本质的理解，宗教源自我们有限的人心中对"无限"的渴慕，是宇宙这个无限的完整的生命在我们直观到它时，在我们心中所燃起的永恒的天国的火花，是渴望超越世俗的人们在这天国火花的引导下，向着这种圣洁的无限生命提升和超越。如果仅仅这样来理解宗教，那它确实很难与哲学区别开来，因为无论是康德的实践哲学，还是谢林的浪漫主义哲学，都提供了这种向"无限的"、极乐的本体世界超越的维度。施莱尔马赫因此强调的是，对宗教而言，没有在自身中的纯粹抽象的"无限"，无限总是在有限中被把握，用无限的形式来表现自身，对宇宙的直观也总是个别的直观。当然，即便这样说，我们还是不能把它与哲学（美学）区别开来，因为康德的审美判断力和谢林的"绝对的感性显现"说的都是这个意思。那么，对施莱尔马赫而言，在宗教中无限的感性显现，究竟是以什么方式区别于艺术和审美的呢？当然这是我们的追问，这个问题并不是他在这一讲要回答的问题，但我们依然可以从这一章找到这一问题的答案，即信仰、值得纪念的事件，耶稣基督的形象和行为等等。

　　施莱尔马赫在这一讲要说的是，既然无限只有在有限中表现出来才是实在的、可见的、真实的，那么，宗教也就不能从其"本质"的规定去理解，而要从其"实证的"个体表现来理解。没有抽象的宗教，永远都只有特定的宗教，宗教从来没有按其本质纯粹地出现过。"假如一个宗教不应是一个确定的宗教，那它就根本不是宗教，而只是松散而无关联的材料。"① 但这样说，是不是启蒙学者们所称道的自然神论、泛神论也能被

_____

　　① 《论宗教》，载《施莱尔马赫著作集》第四卷，第 379 页。

看做是像基督教一样的宗教个体呢？当然不是，因为无论是自然神论还是泛神论，它们都失去了对宇宙的原初的直接直观和情感，它们是从"理性知识"或"实体"，而不是从心灵的内在感受去感悟宇宙无限的生命，因此它们是形而上学，而不是宗教。那自然神学（natural theology）①呢？施莱尔马赫根本不承认有什么自然神学，因为它只把诸神看作是某种神奇的自然力和抽象的形而上学实体，这依然是思辨哲学而非宗教。这样说来，那么实证的宗教个体就应该是佛教、伊斯兰教、犹太教、基督教这些个体吧？从其本义而言，应该是的，但是，在这一讲，佛教、伊斯兰教根本没有被提及，而犹太教作为基督教的前身自然提到了，但施莱尔马赫也明确地说，它不是一个宗教个体。理由在于，他认为，犹太教长久以来就已经是一种死的宗教，那些现在还带有其色彩的宗教，真正说来也是令人惋惜地坐在永不腐烂的木乃伊（Mumie）身旁，哭诉着它的离世和它悲惨的孤寂没落。

　　说来说去，施莱尔马赫所论的"诸宗教"就只是基督教本身的多样性了。所谓的不同的宗教，就是基督教本身表现形态的不同，而不是非基督宗教的不同。就此而言，他确实无法与黑格尔宗教讲演录中的那种深厚的历史感和丰富的宗教多样性相比。但对于他的这一做法本身，我们还是要抱着同情的理解来对待，因为施莱尔马赫这一宗教讲话的意图，是为了让蔑视

---

　　①　施莱尔马赫对自然神学的理解与一般理解的不一样。一般地是把自然神学理解为原始的自然物和自然力崇拜，如我们古人对"龙"的崇拜，各民族都有的图腾崇拜等形式，这样的自然物和自然力崇拜，严格说来还没有产生神灵的观念。但施莱尔马赫更多的是指自然神论者所理解的自然神学，即这种学说认为理性（或感觉）是知识真理性的标准，而人们通过对自然现象的理性认识把领悟自然存在中的神性存在和上帝的本性，把自然规律看作是上帝存在的证明等等。这样理解的自然神学实际上是自然神论的表现。

宗教的现代知识分子重新回到宗教的怀抱，他的着重点是为了阐明宗教本身的纯洁性和自主的领地，要把宗教与政治、可见的国家教会、道德、艺术、神话区别开来，就像康德要保持道德的纯洁性要把道德区别于一切非道德的因素而只抓住"义务"的内在绝对命令性一样。因此从基督教本身的多样性来把握实证性的宗教个体，也不是说让我们在互有差异性的基督教中抽象出一个共同的精神或本质。他警告我们这样做只能得到一些僵死的材料，而不能把握到一个能打动人心的活的宗教。因此，基督教本身的多样性只能是基于宗教原始的对宇宙的基础直观的，只有这种基础直观才是多样性的活水源头。具体说来，他是要把我们引向那个已成肉身的上帝。基督教的个别表现尽管存在着这种扭曲和败坏，存在着流血冲突和圣战，但其最基本的精神就是耶稣基督的救赎行动，在他身上彻底放弃了犹太教的报应观，而是以其既取人性的卑微形象，又有神性的超强力量的"中介"，处理世俗生活中的败坏与救赎、敌对与和解的冲突。施莱尔马赫最为敬仰耶稣基督的地方，与其说是其道德教义的纯洁性，不如说是他身上无不体现出的温柔的形象与神圣力量结合起来的高贵的个性。因此，一切有限者对无限超升的渴慕，无不需要这样一个中介，才能向愈益增多的神圣性、纯洁性和永恒性推进。在总是尘世化地、不纯粹地出现在你们面前的各种基督教中，只有保持这种基础直观，才能发现宗教具有天尊之美的个体性特征。

在他的这套阐释中，宗教的多样性必须看作是基于宗教本质中的，与此相应，宗教的多样性及其最特定的差异性的前提必须是作为某种必然的和不可避免的东西。宗教必须将自身个体化，本身具有个体性原则。但个体性原则要基于其宗教的基础直观向所有宗教中的实证要素开放。因此，在他看来，宗教本质在基督教中实现了最为充分的个别化，是更为辉煌、更加崇高、令成熟的人类更为崇敬的宗教个体形式，基督教不怕与任何宗教作比较和展开对话。而在基督教内部，谁不生活、活动和实存于永恒之中，上帝对于他就是未识之神，谁丧失了基督教自然的情感、内在的直观，而处在一大堆感性印象和欲望之中，也即处在其有限的感性中，宗教就还未到来。"诸宗教论"实质上成为对基督教当下形态的辩护和匡正。

四、《论宗教》的地位和影响

《论宗教》的出版不仅仅是对启蒙学者宗教观的反驳，也不仅仅只是令基督教正统派人士头疼，他对基督教及其信仰的说明，直到今天为止也是充满争议的，但是在漫长的阅读史和接受史中，无论人们从哪个角度去理解它或是反驳和批判它，几乎无人能否认它那不可取代的历史地位。

由于该书在 1799 年是匿名出版的，刚开始只有少数圈内的人知道这本书是施莱尔马赫写的，直到 1803 年施莱尔马赫出版《对迄今为止的伦理学说进行批判的纲要》（*Grundlinien einer Kritik der bisherigen Sittenlehre*）才公开其作者身份，所以，第一个对这个本书进行公开评论的是作为浪漫派首领之一的施勒格尔。他不仅表达了对"第三讲"的高度赞誉，而且对施莱尔马赫批判启蒙运动只弘扬"理性"（知性）而贬抑想象力和幻想力的做法大加赞赏。他说："《论宗教》的作者说，理智只能认识宇宙，而为幻想力控制的人，那就有一位上帝了。此言对极了，幻想力是人神性的器官。"[①] 在神学界

---

① Friedrich Schlegel:《观念》（Ideen），载《雅典娜神殿》（*Athenaeum*;
Bd. 3, St.1; Berlin, 1800），第 4—33 页。

内部，最早发表评论的是一位牧师，即后来成为海德堡大学
（Ruprecht-Karls-Universität Heidelberg）神学教授的施瓦茨（F.
H. C. Schwarz）。他的评论很全面，涉及整个五讲，尤其对第
一讲和第二讲的评论特别详细。在批评的方面，他几乎奠定
了后来许多人的基调：即批评施莱尔马赫宗教概念的抽象的片
面性，宇宙概念的不清晰性，道德概念的混乱，过分强调幻
想力等等。[①] 进一步的批评来自基尔大学（Christian-Albrechts-
Universität zu Kiel）的神学教授埃克曼（J. C. R. Eckermann），
他不仅批评了施莱尔马赫情感宗教的规定性、对犹太教的看法
以及关于和解思想在基督教中的中心地位等，认为这些都是错
误的，而且他看出了施莱尔马赫思想中的无神论和决定论的危
险。这些神学界的批评当然也引起了哲学界的讨论，黑格尔和
谢林都对这部著作发表了看法。

同时代人的激烈评论甚至批评往往能在一个方面说明它起
码触动了一些人的固有的神经，但它能否像某些人当时评论的
那样具有"划时代的意义"，[②] 则必须由历史来检验。在施莱尔
马赫生前，《论宗教》共出了四版（1799 年第一版、1806 年
第二版、1821 年第三版、1831 年第四版），而在施莱尔马赫
死后出版活动也从未中止，不断出现新的版本：分别在 1834
年、1843 年、1859 年、1868 年、1878 年、1880 年、1889 年、
1895 年、1899 年，每隔十年左右就重新出版一次，这从一个
侧面反映了 19 世纪的宗教哲学是由施莱尔马赫所塑造的。

这种对宗教的重新塑造意味着经过启蒙运动的反宗教和各
种以理性的方式曲解宗教之后，宗教重新回到了自身，一个新

---

① 参见 Günter Mechenstock 为《论宗教》的 1999 年版（Walter de Gruyter,
Berlin / New York）写的《编者历史导论》，第 20—23 页，尤其是注 56—58。
② 同上书，第 37 页。

的宗教典范再次以其宗教性而非形而上学和道德的形式进入到现代人的精神生活之中，因此汉斯·昆（Hans Küng）把施莱尔马赫的神学定位为"现代性发轫之际的神学"，从历史上看，这种神学意味着：

一、不再像中世纪甚至宗教改革中那样是一种离世，一种向世界之外的、超自然的东西的过渡；

二、也不像在自然神论和启蒙运动中那样遁入到世界背后，成为一种形而上学的东西；

三、毋宁说，在一种现代的理解下，是去亲近、直观和感受无限的东西，是无限或上帝作为永恒的绝对存在临在于有限的东西。①

在现代的理解下，宗教不再是国家政治权力强加于人的东西，而是源自人的心灵的一种自然禀赋，一种内在的对无限的向往，一种对有限、世俗和繁琐的超越，教会失去了国家的组织化权威，而成为人的自由交往的社会性场所，是心灵团契的圣殿，因此，宗教既不是私人宗教，也不是国家自己，而是自由之人寻求绝对依靠的社会性事业。在这种现代性事业中，以基督论为核心的对上帝三位一体的阐释，表明了现代宗教对于人与上帝、上帝与世界、世界与精神（灵性）之关系的一种新的定向。尽管他不无偏激地说过，一种无上帝的宗教可能比一种有上帝的宗教更好，但这种说法无论如何不能等同于现代无神论，因为在他看来，一个现代人无论如何不能脱离与上帝之关系，否则，人就只能被束缚于俗世的有限东西中，找不到绝对的依靠；尽管他的宗教被视为现代主体性的一种极端自由的

---

① ［德］汉斯·昆：《基督教大思想家》，第 177 页。（作者对引文稍有修改。——编注）

表现，但是他绝不认为单靠人自身的情感和想象就能有足够的拯救力量，他依然相信人要克服普遍腐败必须依赖耶稣基督的引导和神恩。就像上帝只有在基督身上才有真实的存在一样，人也只有在基督身上才能有征服罪恶的力量和一种新的更高的生命表征。所有这些都成为施莱尔马赫现代性宗教典范的核心内容。

从学理上看，就像宗教历史学、宗教现象学、宗教心理学和宗教社会学都可以主要归功于施莱尔马赫一样；对于宗教哲学而言，一个永远只能归功于施莱尔马赫的伟大贡献就是，他阐明了一个相信科学和理性并追求自由的现代人，能够信仰和应该信仰一种什么样的宗教。

最后，还要简要交代一下翻译的版本选择问题。如上文所述，在施莱尔马赫生前，《论宗教》共出了四个版本，而在施莱尔马赫死后的 19 世纪，几乎每隔十年左右就会出现一个新的版本。但所有这些版本几乎都是以第一版为基准，在个别文字上做些改正。本人在翻译时先是根据多尔纳（August Dorner）编辑并由布劳恩（Otto Braun）和鲍尔（Johannes Bauer）撰写导论的《施莱尔马赫著作选集》（*Schleiermacher Werke*; Auswahl in vier Bänden, 2. Neudruck der 2. Auflage; Leipzig, 1928），卷四，译出。这个版本是根据 1799 年第一版（Berlin: Johann Friedrich Unger, 1799）重印的，只是在改正错字的地方加了新版注释。根据原版翻译的好处是准确把握作者当时的思想状况，为研究其日后的改变做好准备。在翻译的过程中，香港汉语基督教文化研究所学术交流部主任陈家富博士为我提供了一个 1999 年的德文新版（Berlin & New York: Walter de Gruyter, 1999），这是由梅肯施托克（Günter Meckenstock）编辑、也是按照 1799 年第一版印刷的版本。这个版

本的编者梅肯施托克教授也就是《施莱尔马赫全集（考证版）》
（*Schleiermacher Werke: Kritische Gesamtausgabe*; Berlin & New
York: Walter de Gruyter）中《论宗教》一书的编者，因此这个
单行本的好处就是在需要解释的地方加了一些编者的注释。陈
家富博士还为我提供了一个由克鲁特（Richard Crouter）翻译
和编辑的英文版《论宗教》（*On Religion: Speeches to its Cul-
tured Despisers*; Cambridge University Press, 1988 / 1996），所
以在我们的这个中文版中，译者就是参考这个最新的德文版和
这个英文版来撰写译者注释的。当译者 2002 年夏天在柏林理
工大学（Technische Universität Berlin）作谢林启示哲学的学术
报告时，有幸结识了前来听我报告的《施莱尔马赫全集（考证
版）》的主编之一泽尔格（Kurt-Victor Selge）教授。老先生先
后两次邀请我访问了他所领导的柏林勃兰登堡自然科学与人文
科学院（Berlin-Brandenburgische Akademie der Wissenschaften）
的《施莱尔马赫全集（考证版）》工作组，跟他们进行了学术
交流，使我了解到施莱尔马赫著作的出版情况，在我回国前，
老先生又送给我一本他们刚刚出版的《施莱尔马赫科学院讲
演集·第一部分·短论和草稿》（*Schleiermacher Akademievor-
träge, erste Abteilung Schriften und Entwürfe*; Berlin & New York:
Walter de Gruyter, 2002）第十一卷。这就是施莱尔马赫著作最
新的一些出版情况。由于在中国大陆，施莱尔马赫著作的翻译
才刚刚开始，本译著作为第一本完整地从德文原版翻译来的著
作，不可避免地带有点稚嫩性，其中的瑕疵和错误，也只有期
待未来随着我们研究的深入不断加以改进。因此，译者真诚地
欢迎读者在任何时候提出批评指正。

版　本　说　明

　　读者手上的《论宗教：对蔑视宗教的有教养者讲话》(*Über die Religion: Reden an Die Gebildeten Unter Ihren Verachtern*)是从 1799 年德文第一版翻译过来的。对施莱尔马赫（F. D. E. Schleiermacher）稍有认识的读者会知道，《论宗教》一书曾出现过多个版本（1799, 1806, 1821, 1831），除最后的第四版为重印外，基本上作者在每次新版本中都对旧有版本作出增补，因此过往许多英译本和 1967 年由谢扶雅博士主译的中译本皆由最后的第三版译出。1821 年时的施莱尔马赫已贵为柏林大学的教授，正值其学术生涯的高峰期，按道理这也应反映出其对宗教本质最成熟的看法。可是近年对施莱尔马赫的研究却有复古之势，尤其在《论宗教》一书上，剑桥大学出版社的哲学史原典系列也是选择了把最原初的 1799 年第一版译出，故在此我们有必要稍作版本说明。

　　事实上，施莱尔马赫最为人知晓的几部重要著作皆曾出现过不同的修订版本，并且是内容上有切实的增订，这包括了《论宗教》、《神学研究纲要》(*Kurze Darstellung des theolo-*

gischen Studiums zum Behuf einleitender Vorlesungen）和《基督信仰论》（*Der christliche Glaube nach den Grundsätzen der evangelischen Kirche im Zusammenhang dargestellt*），下表简单显示它们之间的关系：

《论宗教》	《神学研究纲要》	《基督教信仰论》
1799 年		
1806 年		
	1811 年	
1821 年		1821—1822 年
1831 年	1830 年	1830—1831 年

从以上可见，在 1830—1831 年间，也是仅在其去世前数年，施莱尔马赫曾对其最重要的几部著作作出终定稿，因此这对研究他的成熟思想，尤其是他对基督宗教的本质、研究方法和实际内容的系统性理解是十分重要的。但在另一方面，即使不从 1831 年计算，就以 1821 年的《论宗教》最后版本为止，与其初版已相距达 22 年之久，并且作为施莱尔马赫的处子之作，他竟在 1799 年 5 月时匿名出版，这当中有许多值得留意之处。

众所周知，施莱尔马赫在本书中希望借指出宗教属于"感受"范围来直观上帝，以抗衡启蒙运动的理性和抽象倾向（详参本书正文及中译本导言），唯在处理时却给部分批评者有泛神论的印象。因此在 1806 年及以后的版本，施莱尔马赫便加入了一些解释性附注以作出增补。另外，在 1806 年法国和普鲁士开战，继后施莱尔马赫所在的哈勒（Halle）更被拿破仑并入了威斯特法利亚（Westphalia）王国，所以在其后版本中作者对当时的严峻政治情势显得更具历史敏锐性。从一方面说，这双重增补固然使我们得见一位更成熟和老练学者的思维，但从另一方面却又不免稍为失去初版时那位年仅 31 岁的初生之犊的激情。再者，从客观情景来说，初版出现时启蒙运动之巨人康德（1724—1804）仍然在世，而《论宗教》的主要目的即为批判启蒙理性对宗教的误解，尤其对康德和费希特的"道德神学"作出响应，所以韦尔顿（Bernard M. G. Reardon）曾说过："合上康德的书，[1] 再打开之后不出六年就面世的施莱尔马赫的《论宗教》，就是进入一个新的思想世界。"[2] 摆在读者眼前的，正是施莱尔马赫带给当代日耳曼人巨大震撼的那个文本，我们也期盼这个版本可给现今汉语学界对（基督）宗教有新一层次的理解和体会。

林子淳

2009 年 4 月于道风山

---

① 指《单纯理性限度内的宗教》（*Die Religion innerhalb der Grenzen der bloßen Vernunft*），中译本见康德：《单纯理性限度内的宗教》，李秋零译，香港汉语基督教文化研究所 1997 年版。

② 转引自赖品超：《边缘上的神学反思》，香港基督教文艺出版社 2001 年版，第 57 页。

译 者 前 言

与一般德国古典哲学家晦涩拗口的文风相比，施莱尔马赫（F. D. E. Schleiermacher）的这本《论宗教》（*Über die Religion*）无疑是一篇激情洋溢的美文，每次读之都是一种心旷神怡的享受。

在这部译稿即将完成之时，译者自然地回想起与施莱尔马赫这部被视为"19 世纪基督教《圣经》"之书的种种因缘。由于译者在 20 世纪 80 年代末考入武汉大学的杨祖陶先生及陈修斋先生门下，以谢林（F. W. J. Schelling）的浪漫哲学为题写博士论文，涉猎了施莱尔马赫等浪漫派人物的著作，对这篇"宗教讲话"一直情有独钟。后来由于蒙中国社会科学院叶秀山先生的厚爱，将我的博士论文推荐给时任美国天普大学（Temple University）宗教系教授的傅伟勋先生，在他与韦政通先生在台湾三民书局共同主编的"世界哲学家丛书"中以《谢林》为书名出版。在此过程中我与傅伟勋先生有了通信往来，当他得知我的"德国浪漫哲学"研究思路之后，又盛意约我写了《叔本华》和《施莱尔马赫》两本书。就是在写作《施莱尔马赫》

的过程中，本人反复阅读了这部《论宗教》，以明了施莱尔马赫的"浪漫主义"宗教哲学和启蒙理性的宗教哲学之间的相互对立与关联。因此，在此之后，施莱尔马赫成了我在书斋中的一位精神密友。

当我把《施莱尔马赫》一书的书稿交给出版社之后（1998年），曾有过一时冲动，想将这本《论宗教》翻译成中文。但后来听说北京的一位教授已经动手翻译，也就只好作罢。2001年冬天在德国柏林的一次学术会议上遇见香港汉语基督教文化研究所总监杨熙楠先生，我们当时谈到了施莱尔马赫著作的翻译问题。不过，他们当时最急迫的工作是要找人从德语校对英译本的施莱尔马赫的《基督信仰论》(*Der christliche Glaube*)，我答应试试看。但后来发现这实在是一项非常困难的工作，比自己直接从德文翻译省不了多少时间。再者，由于回国后一直忙于别的事务，这项工作就耽搁下来了。幸好后来由于杨熙楠先生找到了香港的另一位译者，也就把这项大工程交给他了。2006年时当我听说，由于《论宗教》一书本身的难度，以前约的译稿没有能够达到出版要求，本人又萌发出了翻译的冲动。适逢这次杨熙楠先生盛意邀请，笔者有了来香港道风山的汉语基督教文化研究所学术交流三个月的机会，于是便把所有时间全部用在这部著作的翻译上，甚至2008年的大年三十夜也只到维多利亚港湾去转了一圈，就急忙跑回来继续工作。这样，当我4月份离开道风山时基本上完成了绝大部分任务。暑假期间又利用整块时间将其完成，并对译稿进行了校对和文字的润饰。

在整个翻译过程中，汉语基督教文化研究所的同仁给予了我各种优待，为了让我集中时间和精力，尽量不给我安排别的工作，除了林子淳博士好意邀请我去香港中文大学讲了一次关于施莱尔马赫的课之外，我可以把全部精力放在翻译上。多年来，汉语基督教文化研究所也惠赠给了我许多基督教文化的典籍，对于我这位从无神论教育中成长起来的学者起到了非常重要的启蒙作用。特别是这次在这里做客，得到了道风山许多同仁的各种照顾，这都是我在此必须特别感谢的。

在道风山也认识了德国莱比锡大学（Universität Leipzig）的汉学家麦立昂（Christian Meyer），翻译中遇到在字典中查不到的字词，就是在他的帮助下解决的。陈家富博士为我提供了《论宗教》的德文新版和两本英文版，使我能比较方便地参照它们编写了一些必要的"译者注释"。在道风山的日子里也使我有幸与国内同行王晓朝、李天纲、黄裕生、汪建达等教授和沙湄博士以及华裔芬兰牧师黄保罗教授有了更多的交流，加强了基督教方面的学识。

在此，我还要特别感谢《施莱尔马赫全集（考证版）》（Schleiermacher Werke: Kritische Gesamtausgabe）的主编之一泽尔格（Kurt-Victor Selge）教授多年来对我的支持和帮助，感谢他邀请我去柏林勃兰登堡自然科学与人文科学院（Berlin-Brandenburgische Akademie der Wissenschaften）与他领导下的《施莱尔马赫全集（考证版）》工作组的同仁们见面交流，并惠予给了我不少有关施莱尔马赫的研究资料。

最后要感谢汉语基督教文化研究所编辑江程辉先生耐心、细致和认真的编辑工作，为文稿减少了不少笔误。

还要说明的是，施莱尔马赫这部《论宗教》，尽管读起来脍炙人口，但毕竟属于康德时代的德语，特别是作者着意突出的修辞学风格，使得翻译的难度较大。因此，翻译中难免会出现不可预知的错误和不妥之处，对此，译者恳请大家不吝赐教，也预先在此一并感谢。

邓安庆

2008 年 4 月 6 日于香港道凤山

2008 年 8 月 16 日改于复旦大学光华楼

再 版 附 记

　　三年前在香港道风书社出版的这本书，得到了许多人的喜爱，我自己购买的几十本早就送完了，使得不少同仁很难买得到它。人民出版社的张伟珍编辑出于对出版西方经典著作的巨大热情，从道风书社购得出版中文简体版的版权，克服了在大陆出版宗教著作的种种困难，在出版社领导的支持之下，使得这部宗教哲学的经典很快就能在大陆面世，我真诚地向张伟珍编辑和人民出版社表达我的衷心感谢！

　　这次再版除了对"译者导言"做了必要的修改之外，其他部分均保持"道风版"原貌。如果今后有时间的话，译者愿意把施莱尔马赫自己补充和修改过的1821年版重新翻译为中文，为研究者提供两个版本以便对照。

邓安庆

2011 年 7 月于申城淞南镇

第一讲 申 辩①

　　有人竟然能够要求那些已经超凡脱俗且已通晓本世纪智慧的人士大驾光临，聆听一个他们如此全然漠视的主题，这将是一件令人大感意外的事情，你们也会对此甚感惊讶。坦率地说，我完全不知道有什么妙方能为我指点迷津，提供一条幸运的出路，不是为了使我的辛劳赢得你们的掌声，毋宁说是为了跟你们推心置腹地交流我的感悟和灵感。自古以来，信仰就不是每个人的事情，永远只是少数人对宗教有所领悟，而千百万人则以多种多样的方式变戏法似的给其扎上包布，与其迁就它不如让它高高挂起。现今，特别是有教养人士的生活与哪怕只是与宗教有点类似的生活也全然不沾边。我知道，你们在神圣

---

　　① 为了便于研究者查对德文原文，把德文版的页码加入为本书边码，即《施莱尔马赫著作集》（*Schleiermachers Werke*）第四卷的页码，而并非1799年第一版《论宗教》（*Über die Religion: Reden an Die Gebildeten Unter Ihren Verachtern*）的页码。参见 August Dorner 编：《施莱尔马赫著作集》（*Schleiermachers Werke; Leipzig, 1928*）第四卷。——译注（以下凡译注，不再一一说明。——编注）

的静默中，也很少敬拜神灵，就像你们不大造访被废弃的庙宇一样，而在你们那些装潢豪华的住宅中，除了悬挂贤人的格言，诗人的隽句外，没有安放别的镇宅之神，而且，人类与祖国，艺术与科学，因为你们相信这一切完全能够包罗万象，也就如此完满地占据了你们的心灵，使得你们把永恒和神圣的东西全都推入世界的彼岸，没有在心中留下一丝一毫，你们对它毫无感觉。你们成功地把尘世的生活过得如此富有和丰富多彩，使得你们不再需要永恒，并且，在你们为自身打拼出一个世界之后，你们就傲慢地不再想起那个创造你们的宇宙。我知道，你们会同意，在这个事情上，已经被哲学家们和预言家们，如果不许再添加的话我只说，被讥讽者和祭司们从各方面反反复复地嚼烂了，再也不可能说出什么新鲜的和令人信服的东西来了。你们最不爱听的——但无人能逃避得了——是祭司们所讲的那套东西，你们早就认定不值得你们信赖了，只不过这些东西最爱留在圣殿之混乱不堪的废墟上，哪怕不再进一步遭受荒废和腐败，在那里它们也不可能获得生命。这一切我都知道，尽管如此，在我的内心还是有一种不可抗拒的必然性，神圣地主宰着我，驱使着我必须讲出来，而且不能收回我的邀请，这就是邀请你们来听我的讲话。

就后者而言，我要是能够这样问你们就好：这种状态是如何导致的呢？由于你们对每一个对象，无论是重要的还是不重要的，你们最爱听从那些专门研究它们的生命和精神力量的人们的教导，你们的求知欲也不羞于下访农夫的茅舍和底层工匠的工场，而单单在宗教事务上，对所有无论是自称为宗教的行家里手，还是对国家和人民所公认的宗教名家，你们都更加蔑视！你们确实无法证明，他们不是造诣深厚的宗教行家，你们确实也不能证明，他们所把握的和布道的全然与宗教不相干。所以，蔑视这样一种无凭无据的判断才算公道，坦率地告诉你们，我也是这个行当中的一员，但我敢于冒此风险，如果你们不注意倾听我的话，那我也会被抛入那一大堆为你们所不耻的名单中。这至少是一个自愿的坦白，因为我的语言不会背叛我，我的行会伙伴们的赞美之词也不会；我愿意为之的这件事情，恰好完全处在这个团体之外，只不过与他们乐于看见和想要听见的东西不大相同罢了。我不同意大多数人关于宗教已衰落的呼救声，因为我不觉得有哪个时代能比当今的时代对宗教有更好的接纳，而且我也绝不揽合任何旧信仰的和未开化的痛苦哀鸣，他们用这种呼救声想要再次重建犹太锡安山上已经坍塌的城墙，再次扶起倒塌了的哥特式圆柱。我已经意识到，在我必须对你们说的所有事情中，都与我的身份完全不合，那么为什么我不该像对待任何一件其他偶然事情那样坦诚对待它呢？寄希望于它的成见不应该妨碍我们，被视为所有问题和告白的神圣界限，在我们之间也该全然失效。我是作为常人按我的看法向你们说出人类的神圣秘密，我要说的，就是曾经在我内心的东西，当我还是热血青年时一心追寻未知的东西（Unbekannte），自从我有了思想和体验以来，就成了我生存（Dasein）的最内在动力，而且，它将永远成为我的最高之物，总还能够以某种方式激起我对时代和人性变迁的思考。我的这些讲话，并非出于某种理性的推论，也非出自希望或畏惧，同时也不是符合某种终极目的或者出于随便什么任意的或者偶然的原因，而是出于我的本性不可抗拒的内在必然性，出于一种神性的召唤，这种召唤规定了我在宇宙中的地位，使我成为我所是的本质。因此，即便我来讲宗教既不得体也不明智，但驱使我这样做的那些东西，以其天力压倒了这些渺小的顾虑。

　　你们知道，神灵是用了一条永恒不变的大法驱使自身，

213

214　将其伟大的作品无穷无尽地二元相分，每个特定的此在（Da-sein）只是由两种对立的力融合而成，其永恒的思想无一不是借由两个相互敌对，却又彼此依存且不可分割的连体格式变成现实。这个完整的有形世界，你们这些研究者的最高目标就是要深入到它的内在核心，对于你们当中最有学识、最具思想的人而言，它只是表现为对立势力的一种永无休止的游戏。每条生命都只是一种持续的同化与排斥的结果，每个事物有其特定的此在，无一不是通过某种独特的方式，统合和坚持大自然的两种原始力量：渴望的摄取和生机勃发的自我扩张。在我看来，精神，只要它们在此世上培植，似乎也必定遵循同一法则。人的灵魂，无论就其暂时的行动，还是就其此在的内在特征来看，都使我们坚信，它只不过是两种对立的冲动（Triebe）的作品而已。一个冲动是努力把它周围的一切，吸引到身边，卷入到它自身的生命中，并且在这里尽可能地完全看穿它的内在本质。另一个冲动就是渴望将他自己内在的自我从内心走出来，永不停息地向外扩展，以此来贯穿一切，分享其中的一切，而自身将永不枯竭。前一个冲动以享受为目标，它力求让个别的事物对它毕恭毕敬，它自身能安安静静，这样它就能经常地抓住它们中的一个，永远只是机械地对下一个产生作用。后一个冲动蔑视享受，只期望于活动的不断增长和提高；它忽视个别的事物和现象，只因为它贯穿在它们之中，到处只是看到种种力量和力量自身折射出来的本质；它想穿透一切，用理性和自由充满一切，正是这样它走向无限，追求让自由与合作，权力（Macht）和规则，法（Recht）与礼（Schicklichkeit）无处不在地起作用。但正如有形事物中没

215　有哪一个单独唯一地借由物质自然两种力量中的一种而存在一样，每一个灵魂也有一部分渗透到精神自然的两种原始功能中

去，灵性世界（die intellektuelle Welt）①的完善性在于，这两种力量有着各种可能的联系，介乎两个对立的极端之间（这所谓的两个极端就是只由其中的一种力量完全占据着，几乎排斥了对方，只给对方剩下一个无限小的部分），这一点很现实地体现在人类身上，而且还有一条普遍的意识纽带维系着所有的人，乃至每个人，虽然只能够是其自身所必须是的，却可以很清楚地认识到任何别的人就是自己，可以很完满地领会人类所有由每个具体的人所作出的具体表述。在这个巨大系列的两个最外端存在着的，其自然本性都很凶猛，完全退回到自身之内，成其为孤立的。其中一个外端处的，听命于永不知足的感性，热衷于把越来越多的尘世事物从整体关系中拖出来，聚集在他自身的周围，供他完全独食。在欲望和享受之间的永恒转换中，他们绝不超出对个别事物的感知之外，永远忙于自私的关系，其余人性的本质对他们保留着无知。而另一个外端处的，则以其未得教化、飞越目标的热情，忙忙碌碌地飘荡在这个大千世界，从未更好地塑造和形成哪怕一个现实的东西，他们漂浮在空洞的理想周围，他们的力量没有得到利用就在退化和消耗，一事无为地将其耗尽，最终退回到原点。该如何把这两个离得最远的外端联合起来呢，以让这一长列势力在一个

---

① Intellektuelle 这个词在汉语中一般翻译为"智性的"、"理智的"，因此 die intellektuelle Welt 也就有"智性世界"、"理智世界"、"知识界"甚至"学界"等等译法。不过，在德国哲学家中，无论是莱布尼茨（G. W. Leibniz）、康德还是费希特（J. G. Fichte）和谢林（F. W. J. Schelling）在使用这个概念时，都是指"知性"（Verstand）、"理智"、"学问"所达不到的那个领域，是高于"有形自然"、"物质自然"的一个纯粹的、无形的，但能规范和引导感性世界的超验价值领域，因此，把它译为"灵性世界"可能更符合德语中所要表达的含义。而施莱尔马赫在这里，特别是下一讲正是要说明，德国当时的知识阶层，用他们在启蒙运动中所追求的"知识"、"智力"导致对这个"灵性世界"的全然无知和毫无感觉。

封闭的圆圈中成型，而这个圆圈则是永恒与完满的感性形象？肯定有一个确定的点，在这里这两者几乎能够达成近乎完善的平衡，但关于这个点你们除了少数几次低估了它之外，通常都高估了它，因为它其实只是那与人的理想嬉戏的大自然的一个魔法，而并非严格而通透的自我教养的果实。但假如万物不再驻留于最外端，真的都站在了这一点上，则根本不可能有外端与这个中心的联系，也会完全错过自然的终极目的。只有富于思想的行家（Kenner）才可参透这样一个趋于静止的结合的秘密。每一双平凡的眼睛，根本看不见其中的基本，既认识不到自己的秘密，也绝不会认识到与他对立的东西的秘密。所以神灵随时向各地遣使一些人，在这些人当中两种势力以富有成效的方式连接起来，并为他们配上神奇的才华，借由一句万能的话铲平他们的路，任命他们作为神灵之意志和活动的代言人，作为那些不然将保持永恒分离的东西的中介者。向那些人看齐吧，在他们的本质中表现出了积极地理解周围事物的高度发达的吸引力，而同时又有一种追求无限、深入到一切精神和生命中去的灵性的穿透力，他们拥有的是如此之多，乃至驱使他们为了穿透一切精神和生命而把力量表现在行动上。对这些人而言，对一堆没有加工过的世俗之物采取仿佛是破坏性的生吞活剥的方式是不够的，他们必须把它们放到自己面前来，把它们整理和塑造成一个打上他们的精神烙印的小世界，这样宰制它们就更为理性，享受它们就更持久和人性，这样他们就成为大自然里的英雄、立法者、创造者和征服者，成为静悄悄地创造和传播珍贵至福的善的精灵（Dämonen）。① 这些人单纯用他

---

① 善的精灵（Dämonen）这是在柏拉图对话［如《会饮篇》（Symposium）等］和亚里士多德的伦理学著作中一再提到的概念，特别是亚里士多德明确指出幸福（Eudaemonia）是一个善的（或"好的"）精灵，这个说法

们的此在就证明了是上帝的使者，是有局限的众人和无限的人
性之间的中介者。他们向那些其本质在种种琐细的空洞思想中
裂成了碎片的，不作为的单纯思辨的唯心论者① 表明，唯心论
者只是在梦想的其实已是现实在活动的，唯心论者迄今还在蔑
视的东西，真正说来是其应该加工改造的材料。他们向唯心论
者澄清了上帝的被错误认识的声音，让他与大地、与他在大地
上的地位和好。但还有更多单纯世俗的和感性的东西需要这样
的中介者，来教导他们把捉更高的人性的基本力量，有了这种
力量，就无需推动和行动，像他们的做法那样，能够直观地和
鲜明地把一切包罗万象的和没有别的限度的东西，作为他们已
经发现的宇宙来识认。上帝也把那种神秘而有创造力的感性，
给了一个在此轨道上自我运动的人，为了他对广延和渗透的追
求。这种感性努力赋予一切内在的东西以外部的此在，所以他
必须按照他的精神每次向着无限的远游，把他自己的印象放在
自身之外，作为一个可倾诉的显形了的对象或谈话的对象，以
便享受着自己不断地变换为一个不同的形象，一个有限的人
物（Größe）。这样他也必须不是任意地，而是仿佛有神灵附
体——因为即使从来没有人这样做过，他也要这样做——把他
所能遇到的，作为诗人或者先知（Seher），作为演讲家或者

217

后来也在斯多亚派（Stoics）哲学家、晚期罗马皇帝奥勒留（Marcus Aurelius
Antoninus）的那本甜美、沉静而又带点忧伤的《沉思录》（Meditations）中
得到了讨论。施莱尔马赫不仅是《柏拉图全集》（Platon's Werke）德文版的
译者，也是亚里士多德的《尼各马可伦理学》（The Nicomachean Ethics）的
德文译者，对于古典伦理学思想相当精熟，因此在本书中不时会冒出古典伦
理学的一些暗示性的术语。他在早期浪漫派成员中也以道德本性见长，但尽
管如此，他还是坚决反对康德等人以"道德"通达"宗教"的启蒙路径。这
是我们往下阅读需要了解的一个基本立场。

　① "唯心论者"（Idealisten）也可译为"观念论者"或"理想主义者"。

艺术家，为别人描述出来。这样的人，就是最高存在者的一个真正的牧师，因为他把那些只是习惯于把捉有限和琐细东西的人，带到至高存在者的近旁。他向那些人描述天国和永恒，作为一个欣赏的和统一的对象，作为你们的诗歌所仰望的东西的唯一不竭的源泉。所以，他力求唤醒还在昏睡中的更好人性的萌芽，点燃对至高无上者的爱火，让平庸的生命变成崇高的生命，让大地之子与他们同属的上天和好，使这个时代对粗鄙物质的依赖性保持一种抗力。这是更高的教牧，它出自上帝之国，宣告了一切灵性奥秘的核心；这是一切先觉和预言，一切神圣的艺术杰作和振奋人心的演讲的源泉，所有这些被四处播散而几乎不管它是否能找得到一个接受的心灵，也不管在自身是否能结出硕果。

不过但愿这些中介者的职务真能终止，人性的教牧真能得到一个更加美丽的使命！但愿古代预言所描绘的时代真能到来，这时就没有人需要由别人来教导，因为所有人都由上帝来教导！如果神圣之火到处点燃，那就不再需要火把拜祭，以求它从天而降，而只需要圣洁的少女柔情地静候，以待保养，所以它就无需燎燃成恐怖的烈焰，唯一的心愿就是力求将这内在而隐藏的炽热圣情在所有人身上平衡地分播。

这时，每个人便平静地照亮自己和别人，圣洁的思想与情感的倾诉只在轻松的游戏中完成，这道光明的不同射线时而交相统一，随之又再次折射，时而播撒开来，随之又再次凝聚到一个个别的对象上。那时，最轻声的细语也被理解，而如今，连最清楚的意见也免不了被误解。那时，人们能够共同地挤进圣所的内心，而如今人们只在庭前忙于必需的入门。与朋友和同道交流完满的理念，这是何等地愉悦，那堪必须从几乎勾画不出的轮廓中坼出一块碎片来填补无边的空野！但如今，能够相互之间产生这种心旷神怡的交流的人们，相隔得何其遥远！在人类中这些贤明的稀疏分布，就如同在广瀚无垠的宇宙空间，富有弹力的原始物质从无数隐蔽的点向四面八方扩散一样，这就是说，恰恰只是它们影响范围的最外边界能碰到一起——不过因此不是据称的那样完全是虚空——但诚然绝不会一个遇见另一个。这真是英明呀！因为完全渴望相互倾诉和交际的人，越来越多地仅仅只是寻找最需要他们的人，越来越不停歇地只为自身谋求他们所缺乏的同仁。 219

　　我现在就正处在这种压力之下，这种本性恰恰也就是我的天职。请允许我从我自身说起吧。你们知道，说宗教所说的东西，绝不会是骄傲；因为它总是充满谦卑。宗教曾是我母亲的肉，在其神圣的幽暗中我的稚嫩的生命得到了营养并有了一个为其准备的尚未打开的世界，我的灵在它还远未找到它的外在对象、经验和知识之前，就在宗教里面呼吸；当我开始生活时，宗教帮助我观察父辈的信仰并从前世的尘屑中把心肝清洁干净；当上帝和不朽在我怀疑的目光前消逝时，宗教帮我留住了它们，它引导我投入积极的人生，它教导了我，带着我的德性和缺点在我的浑然不分的此在中为我自己本身保持圣洁，只是通过宗教我才学会了友谊与爱。若要从众人其他的长处和特性说起，那我自然也知道，在你们的审判台前，在聪明人和人民的聪慧面前，只要有人能够说，他是如何拥有宗教的，却很少能够提供证明。因为他能够从别人的描写、别人的观察中了解宗教，或者如同一切德性，能从他们生活中通常的古老传说中被认识。但宗教的情况很少是这样的，任凭谁对它说了什么，它都必须是必然地拥有的，因为它绝不是从什么地方听来的。就我作为宗教的活动加以称赞和感觉的所有东西来说，诚然很少能在圣书中见到，谁要是不能亲身体验到宗教，这对他

9

难道还不是一件烦恼的事或者说一种愚蠢呢？

最后，假如我要从被宗教所浸染来说，并非要出示这方面的证据不可的话，那么我除了应该求助于你们之外还能求助于谁呢？哪里还有别的听众在聆听我的讲演呢？这不是对祖国 **220** 的土地或者对具有相同制度和语言的同胞的盲目偏爱，才使我这样讲，毋宁说是内在地确信，你们是唯一的，有能力，因此也配得上，让你们的感官为圣洁和神圣的事物所激动。那些自傲的岛国居民，如此不当地受到你们中许多人的尊重，却除了占取和享乐之外，不知道有别的金玉良言（Losung），他们对于科学的热情，对生命智慧和神圣自由的热情，只不过是一场空洞的游戏战。这样，即便是他们中对神圣自由的最热忱的捍卫者，也是除了狂热地为国家正教作辩护并欺骗民众之外，什么也没做。因此，对古老习俗的迷信并没有失落消亡，那对他们而言，超出感性和直接功利之外的所有其余的事情，恰恰都不再被严肃地对待。他们就这样荒废了知识，他们的智能就这样只针对一点可怜的经验，而宗教对他们而言只不过是那没有任何实在东西的宪法里的一段僵死文字、一则神圣条款而已。

出于别的一些原因，我与法国人分道扬镳，他们的样子（Anblick）就简直无法承受对宗教的敬重，因为他们的每一个行为，每一句话几乎都把他们最神圣的法律践踏于脚下。千百万民众以对伤风败俗的无所谓，一个个风光的精英人士以玩笑的轻浮，来看待宇宙最崇高的行动，这种行动不仅就发生在他们眼皮底下，而是抓住了他们所有的人，规定了他们生活的每一种运动，都足以证明，他们是多么地缺乏圣洁的羞怯，对真正的崇拜是多么的无能！宗教所憎恶的莫过于放纵与狂妄，人民的统治者不就是以此来违抗世界的普遍法则吗？宗教再三嘱咐的莫过于审慎和谦卑的中道，他们不也就是因此才大声疾呼要显得有某种最细腻的情感吗？有什么能比高尚的娜美西斯（Nemesis）①更神圣呢？她的一些最可怕的行为让人失去理智，疯疯癫癫地处在迷狂中，这不也曾被理解是宗教吗？通常只是个别人家才可遇到的因果报应（die wechselnden Strafgerichte），哪里能够满足得了整个民族对老天爷的敬畏，并且指望诗人的作品在千百年之后依然奉献永恒的命运呢？这些作品在经历了千百次所谓的翻新之后，一个寂寥的孤声哪能不逐渐消散，变得荒唐可笑，乃至不再受人注意呢？在祖国这里才有完全拒绝不结果实的气候，只在这里你们才找得到那四处飘散，为人性增光添彩的一切，这一切发育茂盛，无论在何处都自我塑造，至少个别地发达出最美的形态；在这里既不缺乏明智的中道，也不缺少沉静的观察。所以宗教必定只在这里才找到一个自由城堡，以避开这个时代的粗俗野蛮和冷酷势利。

221

只是请你们不要不加分辨地把我算作你们瞧不起的那些没有教养的粗人，就好像对于神圣东西的感觉，有如过时的古装，转手扔给了下层民众，似乎只有这些人才适宜于在羞怯和信仰中被不可见的东西所感动。你们要对我们的这帮兄弟怀有十分友好的感情，还要愿意给他们讲讲其他更高的对象，讲伦理、权利和自由，甚至讲到某些个别的关键时刻，至少要把他们内心的追求向着更好的方向提高，并在他们的内心唤醒一种关于人性尊严的印象。于是，也要跟他们谈一谈宗教，有时还

---

① 希腊神话中的"复仇女神"，或"报应女神"，也译作"天罚"。相传，复仇女神头上长着蛇发，眼中流出血泪，双肩生有翅膀，手执火把和蝮蛇鞭。她们在大地上追逐杀人凶手（特别是血亲相弑者），使他们的良心受到煎熬，发疯发狂。在冥府，她们亦负责对罪孽的亡灵执行惩罚。

得深入到他们的完整本质里，直至遇到了这个神圣本能的隐藏地点之所在，并用从这个神圣的本能所诱发出来的一道道闪电来点燃他们，为他们开辟出一条从他们紧密局限着的内心深处通往展望无限的道路，哪怕只是一瞬间，也要把他们动物的感性提升到人类意志和人的生存的高度意识。这将永远收获良222 多。但是，如果你们想要发现人类神圣性的最内在联系和最高原因，如果应该探索概念和情感，规律和行动直至它们的共同源泉，如果现实的东西应该被表现为永恒的，并必然地根植于人性的本质中，那么我请你们求助于他们，你们会求助于他们吗？

哪怕你们这些智慧的人只能被你们中最优秀分子所理解，这不是已足够幸运了吗？而我在宗教上的最终目的恰是如此。我并不想激起也许属于宗教领域的个别的情感，不想为一些个别的观念作辩护或争论；我想陪伴你们进入宗教最内在的深处，只有从这里出发它才首先与心灵对话；我想指给你们看，宗教首先是从人性的哪些禀赋中产生出来的，以及它是如何成为你们最崇高、最珍贵的东西的；我想把你们领到庙宇的墙垛上，使你们能够眺望整个圣殿，发现它最内在的奥秘。你们怎能认真地指望我会相信，那些整天被俗事折腾得劳累不堪的人，最适宜于取信苍天与之交好，那些鼠目寸光、忧郁不安地苦思冥想者能够放眼宇宙，那些在死气沉沉的忙碌中单调乏味地找来找去却还是找不到自我的人，会最机敏地发现生机勃发的神灵？所以我只能呼唤你们到我这里来，唯有你们才有能力超越众人的平庸立场，为了找到人类行为和思想的根据，你们不害怕踏上深入人类内在本质的艰难之路。

自从我明白了这些以来，很长时间我陷入迟疑不决的情绪中，像怕丢失一块心爱的珠宝那样怅然，不敢彻底地搜寻223 它能够藏身的最终所在。有过一个时代，你们有一部分人宣布脱离宗教，乐于阅读和聆听个别的对象，但目的也只在于剔除一个拿来的宗教概念，你们在那时还是把此视为特别勇敢的一个证据。在那时你们感觉看到了，一个源远流长的宗教在雄辩巧语的装饰下正在走来，因为你们至少喜欢在女性面前对神圣的东西保持某种情感。但这一切都不再存在了，宗教根本就不再有人提起，妩媚本身也该以女性所没有的强硬来摧残人类幻想的最纤柔的花朵。所以你们要求于我的兴趣，我除了把它与你们所蔑视的东西本身相关之外，不能与任何别的东西联系起来。我只想要求你们，在这种蔑视中也是真有教养，确实完善的。但让我们，我请你们，探究一下，宗教真正地源自何处，源自个别东西还是整体，源自已经在世界上存有的宗教的不同类型和教派，还是源自宗教本身的概念？毫无疑问有些人自认为宗教来自后者，但这常常受到蔑视，被认为是不合理和生硬的，这些人是从自己本身出发来搞宗教，并不劳神费心地去获求宗教究竟是如何来的这个事实的准确认识。你们认为一切宗教的要义，就是对一个永恒本质的畏惧和对另一个世界的期盼，而通常说来这是你们所厌恶的。可是请你们，你们这些最高贵的人士，告诉我，你们是从哪里获得宗教——这些你们所蔑视的对象——的这些概念的？人的精神的每一种表现和每一个作品，都可视为和认为从双重的立场而来的。有人从它的中心出发看到了它的内在本质，那么这就是人的本性的一个作品，根植于一个从它必然的行动方式或者本能而来的东西，或者如同你们愿意这样称呼它的东西，因为我现在不想针对你们的技术性语言说什么；有人从它的局限出发，考察到处都已接受了的特定的行为举止和形态，那么这就是时代和历史的产物。你们现在是从哪一方面出发来观察这些伟大的精神现象，使得你们

224

取得了那些概念，用它们来为所有人历来都是用宗教之名来
称呼的东西，赋予共同的内容呢？你们很难说，这样一些观
察就是宗教第一位的形式。因为，你们要是认为就是这样的
话，那你们还是必须承认，它是属于这个理念、至少是人的
本性的理念的，如果你们也想说，宗教就是这样的，像我们
现在所遇到的，只是从对人性的一个必然追求的误解或者错
误关系中产生的，那么这倒将使你们最适当地与我们一致起
来了，为了从中挑选出真实的和永恒的东西来，把人的本性
从它一直遭受的不公中解放出来，如果某种东西在其中被误导
并失去能力的话。在所有你们认为的神圣东西那里——按上述
交代必然存在着某种对你们而言是神圣的东西——我向你们
发誓，都没有耽误这一工作，使得你们和我们都尊重的人性，
以最大的公道不会怒怪你们是在一个重要事务上遗弃了它们
的那帮人。而且，一旦你们也发现了，这样的事务已经完成，
那我还能指望得到你们的感激和赞许。但很有可能你们会说，
你们关于宗教内容的那些概念都只是这些精神现象的另一种
看法，据称，它们之所以是空洞的并受到你们的蔑视，是因
为核心的东西全都是另类，根本不能够被称作是宗教，所以
它们根本不能作为出发点，到处存在的不是别的，全是空洞
和错误的幻影，就像阴霾和黑压压的迷雾笼罩在一部分真理
周围一样。这确实是你们真实而准确的意见。但假如你们把
那两点视为宗教的内容，放入宗教在史上所出现的一切形式，
225 那就请允许我问，你们是否也正确地观察了宗教现象，是否
正确地把握了宗教共同的内容？你们必须把你们的概念，如
果它是这样形成的话，从这个唯一得到辩护的观点中形成，
而且，如果有人对你们说，它不正确，有缺陷，并指出了宗
教中另一个不空洞的点，甚至比任何别的点都好，有一个中

心，那么，在你们可以继续蔑视之前，还是必须先予以聆听和判断。

所以，请你们不要愠怒地去听我现在要对那些人讲的东西，他们从一开始就更为正确地、但也更加辛苦地是从具体的观察为出发点的。毫无疑问，你们是熟悉人类的愚蠢史的，也研究过宗教各种不同的建制，从野蛮民族毫无意义的传说到精美绝伦的自然神论（Deismus），从我们民族粗糙的迷信到形而上学和道德之残砖碎瓦的恶劣拼凑，人们把这些东西称之为理性的基督教，并发现了它们所有的无稽之谈和反理性。我离你们想要反对的意见远远的；毋宁说，只要你们真诚地认为，那些最有教养的宗教体系相比于最粗糙的宗教，本身所具有的这种（无稽性和反理性的）性质并不更少，只要你们也看出了，神圣的东西不能放到一个以某种平庸的东西开头并以可鄙的东西结尾的系列中，那么我愿意免去你们的辛苦，（不顾这两头，而）更加切近地重视在此之间的所有东西。所有的宗教形态都表现为向后一种形态的过渡和接近，每一个体系都出自其时代之人的手，比以前打磨得更加精致，直到最终，这种手艺（Kunst）能够提高到游刃有余（Spielwerk）的完美地步，使得我们这个世纪缩短了很长一段时间。这种完美毋宁说就是一切，但只是还没有接近宗教。我不可能没有一点不情愿地谈这些，因为每一个对从心坎里涌流出来的东西有感觉的人，都必定为此悲伤，在这些人的内心感到严峻的是，人的每一方面都被教化和描绘，那么高高在上和荣耀无比地与他们的使命疏离，并失了他们的自由，结果却从野蛮和冷酷时代经院哲学和形而上学的精神而拘逮于一个可耻的奴役状态。凡有宗教发挥作用之处，它必定显示出，它是以一种独特的方式激动人心，把人的灵魂的所有功能或

226

者融为一体，或者相反地相互疏离，并把所有活动融入对无限的令人惊讶的直观的。在这些神学体系，这些关于世界的起源和目的的理论里，在这些对一个不可把握的存在者的本性的分析里，你们没有感受到一切都流于一种冰冷的论证，并操着一种平庸的学院派论争的腔调吗？在所有这些你们所蔑视的体系中，你们也就找不到宗教，也不可能找得到，因为宗教不在这里，但假如有人指点你们，说宗教在别的地方，那你们说不定还真的总是有能力找到它并尊崇它的。但你们为什么不再下来踏实地进行一些具体的直观呢？你们，热心的研究者，我对你们自甘无知，墨守成规，坚信那些夸夸其谈，十分的惊讶！你们在这些体系中没有找到的东西，说不定恰恰就是在这些体系的基础元素中你们不得不看的东西，虽然不是这一体系或那一体系的，而确实是所有体系的基础元素。在所有体系中都有某种东西与这些灵性的素材相关联，因为没有这些素材它们简直就不可能产生。但是，如果有谁不懂得如何解开这根套住他的绳索，那么无论他对这些体系钻研得如何精辟入微，理解得如何通透准确，那他掌握的永远都只是一堆僵死而冰冷的泥土。你们在一大堆稀泥中找不到的指点、真实和正确，应该到那些表面看来未被教化的（ungebildeten）的第一元素中去寻找，这对于你们这些或多或少关心过哲学，熟悉哲学的命运的人来说，无疑不会显得陌生。不过还是请你们回想一下，

227 你们之中有几个人是脚踏实地地以自己的方式深入到人和世界的内在本性及其相互关系，有几个人能把它们内在的和谐在自己的光照中直观和描述出来，形成自身的一个哲学体系呢，难道大家不都是把他们的一些发现掺和到一个比较稚嫩的——也应该是易于破碎的——形式中吗？但有人不还是沿用所有学派的体系吗？是的，正是这些学派的体系，除了作

为僵死文字的坟场和培植所之外，一无是处，因为精神既不会让自己固持在经院内，也不会让自己轮流地被灌输到热心人的头脑中，它习惯于以这种从第一张嘴出，进第一只耳的方式蒸发自己。有些人要把那些对大哲学体系进行完善加工的人视为哲学家，并想在这些体系中找到科学精神，难道你们就不能教导他们，对他们大呼一声："不是这样的，好朋友！在所有事情上，那些做完善工作的人，只是一些亦步亦趋，抄抄编编的拾人牙慧者，不具有务实的精神，精神只立足于发现者，你们一定要到发现者身上去寻找。"但你们必须承认，宗教越来越多地就是致力于精神的发现这一事业，因为宗教按其完整的本质而言是远离一切体系性的东西的，就像哲学发自本性地倾向于体系化一样。不过，你们嘲笑那些人为建造的大厦的变换不定，它的蹩脚的对称性也冒犯了你们的感情，体系化的东西与它们自身吹毛求疵倾向的不相称又使你们感到可笑，你们想想看，这种大厦究竟出自谁人之手？也许出自宗教的英雄们？但你们能从哪怕只给我们带来了一点新的启示的人中，从第一个想到一个无所不在的上帝——这在宗教领域确实是最系统化的思想——的人，直到最近的神秘主义者（也许在他们身上还闪耀着内心之光的原始射线）中，列举出这样一个人来吗？（请不要怪我不提那些字面上的神学家，因为他们相信，世界的救星和智慧的光芒在他们提出的一个新的迷彩公式中或者在他们和声华彩式的新的论证立场上找到了。）请你们在所有这些人中给我列举出一个将会认为从事西西弗斯苦役①是值得的人来。只有那些个别的崇

228

————————————

① 西西弗斯（Sisyphus）神话出自荷马史诗。相传他是科林斯（Collins）的建城者和国王，是人间最足智多谋又机巧的人。当宙斯（Zeus）掳走河神伊索普斯（Aesopus）的女儿伊琴娜（Aegina）时，河神曾到科林斯寻

高思想闪过它那被天火点燃的灵魂，一个迷人讲道的天雷般的神奇轰动才伴随着主的显现，向凡夫俗子宣告，神说话了。超世俗力量孕育出来的一颗原子，落入他们的心灵，在那里同化一切，将这种心灵万能地扩展开来，然后如同通过一个世间的气氛很少能够抵挡的神圣命运在世间爆炸开来，并在它爆炸的最后时刻产生了一颗天国的流星，带来了这个时代最重要的信号，没有人知道其来源，所有的俗人都对之充满敬畏。你们必须找到这些天国的火花，一旦一个圣洁的灵魂被宇宙感动，这些火花就将产生，你们必须在火花形成的这个不可把握的瞬间窃听它们的声息，否则你们就会错过时机，就像那个拿着可燃物去找火的人那样，这火是用石头摩擦钢铁引燃的，他去得太晚，那就只找到了一点不再能够点燃的冰冷无用的粗金属粉末。

　　所以我请求你们完全不要理会通常被称之为宗教的那些东西，只把你们的眼光对准这些具体的暗示和情绪，你们能够在被神灵感化的人的各种言论和高贵行为中找到它们。当然，要是在这些具体的暗示和情绪中你们还完全发现不了什么新鲜的和合口味的东西，就像我并不看重你们的博学和知识，但依然希望它们成为好事那样，要是这还不能扩大和改变你们只是通

找，知道此事的西西弗斯以一条四季常流的河川为交换条件告知其女的下落。由于泄露了宙斯的秘密，宙斯便派出死神要将他押下地狱。没想到西西弗斯却用计绑架了死神，导致很久一段时间都没有死人，等到死神被救出，西西弗斯也就被打入冥界。在此之前，西西弗斯就已经嘱咐妻子墨洛珀（Merope）不要埋葬他的尸体。到冥界后，西西弗斯以此为由，说一个没有被埋葬的人是没有资格待在冥界的，请求给他三天假还阳以处理自己的后事。没想到，西西弗斯一看到美丽的大地就赖着不走，不想回冥府了。直到其死后，西西弗斯才被罚做苦役，要将山下的石头推向山顶，但推上山顶的石头又从另一边滚到山脚下，这样，他要一次又一次地把滚落下来的石头重新推上山顶，这就是所谓的"西西弗斯苦役"。

过浮光掠影的观察产生的褊狭概念，要是你们还是要藐视这种
心向永恒的性情，所有事情对你们依然显得可笑，并被视为是
从这种可笑的观点中产生的，那我唯愿相信，你们蔑视宗教是
符合你们的本性的，我对你们再也无话可说了。只是请你们不
要担忧我终将会乞灵于那个平庸的做法，向你们灌输，为了维
护世间的公道和秩序，宗教如何必不可少，会借助于对一双千
里眼和无限权力的怀念来弥补凡胎肉眼的短视和人力的极度有
限；或者，还要向你们说，宗教如何是道德的一个忠实的女友
和可靠的支柱，它会以其圣洁的情感和光辉的前景使软弱的人
更易于与自我斗争，甚至带给他们向善的力量。那些自命为宗
教最好的朋友和最赤热的辩护者，确实是这样说的。但是，在
这种思想关系中最大的蔑视究竟针对谁，是针对据称需要宗
教支持的法律和道德呢，还是针对应该支持法律和道德的宗
教，或者是针对你们的，所以才对你们讲话，对于这些我不想
作出裁决。诚然，要是在别的地方给你们这种明智的忠告也是
应该的，但我用哪个脑袋能够苛求你们，让你们跟你们自己在
你们的内心进行一次轻松的游戏，并通过某种你们平常没有理
由重视和爱戴的东西，来迫使你们一定要有某种不同呢？这
种不同是你们没有这种忠告就已经尊重，你们也在为之努力的
东西。或者说，如果通过这个讲话，也应该有某种东西被灌进
你们的耳朵的话，那你们准备为你们深爱的人民做点什么呢？
你们应该如何听从召唤，去教育别人，使他们向你们看齐，你
们怎该一上来就欺骗他们，说献给他们的是某种神圣而有效的
东西，你们自身却对之极度冷漠，一旦他们提高到了与你们同
样的等级上，这些就是他们应该抛弃的东西吗？我不能要求
有这样的行为方式，它包含着对世界和对你们自己最具腐化堕
落性的伪善（Heuchlei）。谁要是这样来推荐宗教，必定只能

229

230

使宗教已经受到的蔑视更加扩大化。应该承认，我们的市民社会制度还在一种高度不完善性下叹息，还缺少足够的力量来预防不公道的发生，或者阻止它的蔓延，也无力向那些畏缩不前的不相信（我们的社会）在朝着更好改进的人证明，放弃哪件重要的事情是要受到处罚的，之所以如此这才不得不向宗教发出求助的呼唤啊！你们难道是有了一个合法的处境，才使你们的生存（Existenz）立足于虔敬心（Frömmigkeit）吗？一旦你们以虔敬心为出发点，你们抓住不放，却也视作如此神圣的整个概念，不就消失了吗？所以，如果事实对你们显得是如此恶劣的话，那还是直接面对事实吧。把法律加以改良，撼动其整个制度，给予国家一只铁腕，百双明眼，如果它还没有这些的话，只是不要让它所拥有的东西，在对一种骗人的陈词滥调的厌倦中昏睡过去。你们切不可把诸如改良法律这样的事情推给别人，否则你们就根本无法治理国家，切不可辱骂人类，把她最崇高的艺术杰作说成是一株寄生植物，只能从他人的汁液获取自身的营养。

法律不必需要伦理——不管伦理与它多么接近——来保障它在自身领域内最不受限制的统治权，它必须完全是自为存在的。法律的执行者必须有能力让它普遍有效。每一个主张只有让宗教参与其中才能做到这一点的人——如果让别的东西任意地参与进来，那么唯有从心坎里涌流出来的东西才有它的实存——同时也主张，只有那些能够灵巧地将宗教精神注入人的灵魂的人，才应该是法律的执行者，这些主张将会使我们倒退到何其黑暗、野蛮的灾难时代呀！

不过，伦理也同样不可混入到宗教中。在今世和来世之间强作区分的人，是自迷心窍，至少所有信宗教的人，只信仰一个世界。如果追求幸福（Wohlbefinden）对道德而言有些怪

231

异，那么后来的道德就不再有先前的道德那么有效，并且除了在某个君子面前羞愧之外，不再在永恒的东西面前羞愧。如果道德通过每一次推陈出新而失去其光辉和坚贞，那么，由于其具有这样一种绝不可否认的深厚的奇异色彩，真不知道还有多少光辉和坚贞没有失去。不过这一切你们从那些捍卫道德法则的独立性和万能性的人那里听得够多的了。但我要补充的一点是，想把宗教放在另一个领域里培植，好使它在那里效劳，这也是对宗教最大藐视的明证。宗教也不想在一个陌生的王国做统帅，因为它并没有想要扩大自己版图的这种征服欲。它的恰如其分的权力，就是让自己在每一个瞬间都重新有所收获，这就足矣，而且，对它而言，一切都是神圣的，反过来说，凡是神圣的东西，在人的本性中与它还是占据着同等级别的。但是，说它应该完全提供真正的服务，像前面的人所愿望的那样，它应该有一个目的并证明自己是有用的，这是何等地贬低它！而它的申辩者还应该奢求它热衷于这一切吗？

不过，一心祈求功利的人，最终也还是以为道德和法律是为了某个别的利益而存在的，他们让所有善的东西都淹没在功利之中，并且没有那一句健康的话语能被那个一心只想着自己的人所理解，所以，即便他们想以宗教的辩护者自居，与其让他们最笨拙地做这件事，不如更加如其所愿地就让他们自己淹没在这个普遍功利的永恒循环中。如果他们真能这样把人间俗事看得一团糟，这岂不是给予上天的一个美誉！如果他们真比良心更有警觉，更有动力（treibender），这让自在和逍遥（Sorglose）多么光荣！宗教绝不会为了这等俗事为你们从天而降。单是为了一个自身之外的利益而蒙受喜爱和尊崇的东西，这诚然是不愿为之的事，但并非自身必然地不愿为之，它能够永远保持为一个绝不是为了实存的虔诚的愿望，一个有理

232

性的人不会认为它有多么超乎寻常的价值，而只会给予它与事实相称的价格。这样的事情对于宗教而言是微不足道的，至少我能提供的东西不多。因为我必须承认，我不相信，它与宗教阻止的不公道行为和宗教应该产生的道德行为有如此厉害的关系。所以，如果有人说这是唯一的一件能表现宗教荣耀的事，那么我不愿与此事有丝毫瓜葛。本身只是为了这样的事情而附带地推荐宗教，就太无意义了。一个正在消逝的想象的荣誉，如果人们更近地观察它的话，不能帮助它回避更高的要求。宗教是从每一个比较好的灵魂的内部必然地流淌出来的，发源于自身，它属于心灵中的一块固有的领地，在其中它不受限制地统治着，它值得尊重之处在于，通过其最内在的力量感动最高贵和最优秀的人，使他们按照其最内在的本质获得认识：这就是我所主张的东西，我乐于为它提供确保的东西，而对你们来说，摆在眼前的事情是，在你们还要继续加固你们对宗教的蔑视之前，是不是要作个决定，看是否值得这么辛苦来听我的讲话。

第二讲　论宗教的本质

　　你们终将明白，年迈的西莫尼德斯（Simonides of Ceos）[1]是如何通过日复一日和长时间的推延，使那个总是以究竟什么是诸神这个问题来缠他的人缄默不语的。面对"什么是宗教"这个更为宽广，更加普泛的问题，我也愿以一种类似的延宕开始。

　　当然，我的意图既非为了缄默，也非使你们像那个人那样陷入难堪，而是以此使你们从不耐烦的期待中等候一段时间，使你们的目光专注于我们正要探寻的观点，同时完全打消所有别的想法。不过，哪怕只是平庸的招魂弄鬼者，他们的首要要求不也是要求观看其现象并想洞穿其秘密的观众，通过对尘世

―――――――――――――――――――

　　[1]　西莫尼德斯（公元前 556 年—公元前 468 年），公元前五世纪出生于爱琴海的希腊抒情诗人和讽刺诗人（epigrammist），这个故事出自西塞罗（Cicero）的《论神性》（De natura deorum） 1, 60 和《著作全集》（Opera omnia）4, 487—488：相传某国王老是问他："究竟什么是诸神呢？"他总是回答说："过一天再听我的答复吧。"次日，国王再提同样的问题，他还是这样回答。这样拖了很长时间，最后他说："让我们永远思考这个问题，终有觉悟的一天啊。"

事物的清心寡欲并通过神圣的静默而不准备把目光消散在疏异的对象上，而后心无旁骛地关注现象应该显现自身的地方吗？而我要召唤的无疑是一种稀罕的精神，它绝不会没有尊严地出现在随便一个常见而流俗的假面具中，那我就将可以有多得多的权力要求一个类似的顺延，你们必须长久地观察，努力地关注，以便认识它并理解其有意义的特征。只要你们坚守在神圣领域之前，以感官的最无拘束的清醒冷静，明晰准确地把捉每个轮廓，全然要求从自身出发理解所呈现的现象，既不为陈旧的回忆所误导，也不为成见的预感所妨碍，这样我才能希望，你们对于我所说的现象，即便不能赢得你们的喜爱，但至少对234 于它的形相（Gestalt）能与我取得一致，知道这是一个天国的本质。

要是我真能以某种众所周知的教养（Bildung）向你们介绍宗教该有多好，这样你们就能立即回想起它的特征，它的进程，它的风格（Manieren），你们就可大声宣告，你们在生活的这里或那里看见它了，我唯愿如此。但是如果这样我就欺骗了你们。因为如此不加掩饰地如其在招魂弄鬼者那里出现的样子，在人当中是遇不到的，它长期不让发现其特有的真容。所以，不同文明之民族的特有的感觉方式，从来都是通过把所有的方式联系起来，更多地是返回到其中多面的和共通的感觉方式，在具体的行为中不再如此纯粹地和有规定地得到表现；相反，只有想象力才能把捉到这个特征的完整理念，而在具体的情况下无非是消散混乱、带有许多杂质的。这也包括精神事物和宗教。你们确实也知道，现在所有的东西如何充满了和谐的教化，正是这种教化在人类的心灵之内浇灌出一种如此完满、如此宽广的社会性（Geselligkeit）和友谊，使得在我们当中现在事实上不能脱离它们的力量而行动，尽管我们也考虑脱离，反而每当我们在成就一件事时立即就会得到他人的友好之爱和善意的帮助，而且与他人之道有着某种偏离，以至于在这个受到教养的世界中，我们探究一种行为究竟受到了哪一种精神能力的驱动，究竟是感性还是理智，是伦理还是宗教，都不可能得到一种可靠的表达。

因此，如果我鉴于直观性经常地要把你们带回到那个比较幼稚化的时代，在那里一切还是处在某种不太完善的状态中，是分离的和个别的，你们不要生气，不要以为这是当代的一种藐视。而且，如果我立即以此开始，一再地以某种不同的方法小心翼翼地回到直观性，我是要着重地警示你们，千万不要把宗教跟你们在这里和那里看到的类似的东西混淆起来，你们将会发现到处都有这种混淆。

235

只要站在形而上学和道德的最高立场上，你们就会发现，这两者与宗教具有相同的对象，即宇宙和人与宇宙的关系。这种相同性长久以来就是某些混乱的根源；因此，有时是形而上学和道德混入宗教中，有时是属于宗教的东西在某种笨拙的形式下被塞进形而上学或道德中。而你们因此会相信宗教与这两者中的某一个是同样的吗？我知道，你们的直觉告诉你们的是相反的答案，而这本来就是源自你们的意见；因为你们从不承认，宗教是踏着形而上学也能够有的坚实步伐走来的，你们不会忘记要尽力地去注意宗教在历史中有一堆丑恶的不道德的污点。而既然它们之间又是有区别的，则宗教必定是以某种方式与它们相对立，尽管素材是相同的；宗教肯定以不同的方式处理这些素材，表达或者加工出了人与这些素材的一种不同的关系，有着一种不同的经验方式或者一种不同的目标：因为只有这样，虽然就素材而言和别的东西相同，但宗教能取得一种自己本身的特殊本性和一种特有的定在（Dasein）。我则要问你们：你们的形而上学——或者要是你们不想再提这个陈腐的名称，你们觉得它太老了，则不妨说——你们的先验哲学都做了些什么呢？它对宇宙进行分类，区分出这样以及那样的事物，探究现在已存在的东西的根据何在，演绎出现实事物的必然性，从自身出发弄出世界的实在性及其规律。而宗教是不可以跑进这个领域里去的，它不可以有设定本质和规定本性的倾向，迷失在种种根据和演绎的无限性中，它也不可以有阐发最终原因和说出永恒真理的倾向。

　　而你们的道德又都做了些什么呢？它从人的本性和人与宇宙的关系出发发展出关于义务的一个体系，它禁止和不允许带有不受限制的权力的行为。这也是宗教不敢擅自妄为的，宗教不需要用宇宙推导出义务，它不可涵括规律的法典。——但"人们称之为宗教的东西，毕竟只不过显得是由这些不同领域的碎片组成的"——诚然这是平庸的概念。我最终要使你们对它产生怀疑；现在就可完全消除它。宗教中以对宇宙的本性及其创造物的最高本质的知识为目标的理论家，就是形而上学家；但他们也都彬彬有礼，并不蔑视道德。把上帝的意志当作主旨的实践家，就是道德家；但他们少有形而上学的风格。你们抽取了善的理念，并将它作为一个没有限制和没有需要的存在物的自然规律放进形而上学，随之，你们从形而上学中抽取了一个原始存在者（Urwesen）理念，把它放入道德中，因此这个伟大的作品不再是匿名的，相反要是立法者的形象能被耸立在如此恢宏的法典之前就好了。但是，你们是在如你们所愿地混合和搅拌，这绝不是统合，你们是在用物质进行一场空洞的游戏，这些物质相互之间没有同化，你们永远只能保存形而上学和道德。这种对于最高本质，对于世界或者对于一种（甚至两种）人类生活之戒律的意见的混合物，你们称之为宗教！

而且，你们把寻找那些意见的本能（Instinkt），连同这些模糊的预感（它们是这种戒律真正最后的核准），称之为宗教性 237 （Religiosität）！但你们究竟是如何达到它呢，为初学者提供一本自己作品的单纯汇编，一本文选集（Chrestomathie），为一个个体（阐明）自身的本源，自身力量的本源？如果所提及的宗教性也只是为了反驳别人的意见而存在，那你们是如何达到它的呢？为何你们没有预先在他的内部解决并发现有害的剽窃呢？我倒是有兴致，用苏格拉底式的问题令你们害怕并使你们坦白承认，你们竟然就是在最平庸的事物中了解诸原则，按照这些原则进行类似的组合，特殊之物必须从属于普遍之物，而且你们不愿把它们应用在这里，以便能够对一个最严肃的对象之上的世界感到痛心。这个整体中的统一性究竟存在于哪里，对于这个不同类型的素材的最有约束力的原则又存在于哪里？这不就是一种真正的吸引力吗？你们必定会承认，宗教在哲学中是最高的东西，而形而上学和道德只是它的从属部门；因为那可让两个不同、但对立的概念变成同一的东西，不是别的，只能是一个更高的东西，它使两者从属于它。这就是形而上学中的联系原则，出于你们所隶属的这些原因，你们把一个最高的存在者看作是道德的立法者，不过这样就毁掉了实践哲学并承认，实践哲学，宗教与它一样，只是理论哲学的一个小篇章。与之相反的东西才是你们想要主张的；这样一来，形而上学和宗教必定就被道德所吞噬了，不过对于道德而言，在它学会了信仰并勉强迁就于陈年旧事之后，在它最内在的圣地中就为两个自爱的世界的秘密拥抱准备好了一块静谧的地盘，这就没有任何事情再是不可能的了。

或者你们想要说的是，形而上学的东西在宗教中不依赖于道德的东西，道德的东西不依赖于形而上学的东西；在理论的

238 东西和实践的东西之间存在着一种令人惊讶的平行，正是对这
种平行关系的感知和表达，才是宗教？当然对这种平行关系
的融通既非在实践哲学中，因为它丝毫不关心此事，也非在理
论哲学中，因为它最辛勤努力地无论是跟随还是毁弃这种平行
关系，也都只不过止于一种可能性，因为这毕竟也是它的职
责。但我想，你们为这种需要所驱动，已经自一些时间以来就
在追求一种最高的哲学，在此哲学中将形而上学和道德这两类
东西统一起来，而且你们一再地发现了它们统一的踪迹；与此
踪迹靠得如此之近的似乎就是宗教！——而哲学一定在事实
上要逃离它，敌手不是乐于这样说吗？当然要重视你们现在
说了什么。总而言之，你们或者得到了一种宗教，它远高于哲
学，一如它当下的处境，或者你们必须老老实实地把这两个部
分返回到它们所属的东西，并且坦白承认，就宗教而言，你们
对它还是一无所知。我不想让你们停留在第一种观点上，因为
我不想把持一个我不可能主张的立场，但对后一种看法你们要
好好领会。

让我们相互之间诚实相待吧。你们不喜欢宗教，我们已经
是以此作为出发点而开始的；但你们要进行一场针对宗教的诚
实的战争，当然不能说你们完全没有这种努力，而不要同一片
阴影作战，就像我们已经在同这个阴影打架一样。当然宗教必
须是某种本有的、在人心中能够得到的东西，必须是某种可思
的东西，从此一个概念能被确立起来，人们能够对它进行言
说，进行争论，而且我发现，如果你们自己从如此不同类别的
东西中拼凑出一个站不住脚的东西，把这种东西称之为宗教，
这是很不合理的，以此造成了许许多多毫无价值的纷争。你们
不会承认，你们是在鬼鬼祟祟地活动，你们将要求我，将宗教
的所有原始文献——因为我确实已经抛出了体系、评论和申

辩————一展示出来，从希腊人的美丽诗篇直到基督徒的神圣　239
经文，尽管我不会到处去寻找诸神的本性及其意志，不会到处
去寻找被赞美的神圣的神和极乐的神，这样的神知道最先者，
完成最后者。但这恰恰就是我已经给你们说过的，宗教从来就
没有纯粹地出现过，所有这一切都只是附在宗教身上的疏异的
部分，把宗教从这些部分中解放出来，这确实应该是我们的事
情。不过，物体世界确实没有给你们提供作为纯粹的自然产品
的原始素材——那么就像你们在这里也能跑到知识界溜达一圈
那样，你们也必须把非常粗糙的事物视为某种质朴的东西——
相反，要想展现出这样的原始素材，这只是分析艺术的无限目
标；在灵性事物中，本源的东西也并没有给你们创造出来，除
非你们通过一种本源的创造在你们内心产生出来，所以关键也
只在你们生产它的地方。我请求你们自己要多多领悟将被你们
不断地加以回忆的东西。但就宗教的原始文献和手稿而言，在
它们当中形而上学和道德的这种混合不单纯是一个不可避免的
命运，毋宁说它是人为的材料和高级的意图。作为首要的和最
终的东西被给予的，不总是真实的和最高的东西。而你们只需
在它们的字里行间揣摩真义！一切神圣经文如同简朴的书籍，
很久之前就在我们简朴的祖国被使用了，在一个简约的标题下
处理重要的事情。它们当然只是宣告形而上学和道德，乐于在
最后返回到它们已经宣告过的东西，但将苛求你们来啃破这块
硬骨头。所以，这也就是将钻石密封在一块粗劣的石头中了，
但真的不是为了一直隐藏起来，而是为了越来越肯定地找得到
它。从无信仰变成改信者，这是深深地根植于宗教的性格中
的。传播宗教的人，根本不可能有别的目的，事实上也几乎不　240
会是一种虔敬的欺骗，毋宁说是一种灵巧的方法，显得是以某
物在此已有的意义为开端并深信这种意义，所以偶尔地和不知

不觉地受到潜移默化的影响，只有这样才能说他应该是受到感动了。由于所有宗教的布道不是别的，无非只能是修辞学的，机灵的听众的收获，就是引导他们进入一个如此善良的社会。而这种辅助手段不仅达到了其目的，而且当它能让你们一直把自己的真正本质隐藏在这种面纱之下时，它就超越了其目的。因此，这是一个偶尔把事情放在别的终点来把握、抬高绝然对立的时代，在这个时代，宗教与道德和形而上学针锋相对。这曾是我所意愿的。你们用你们平庸的概念打扰了我；现在可以把它丢到一边去了，我希望，不要继续打断我的工作。

为了继承自己所拥有的财产，宗教现在要放弃对某些从属于它的东西（即形而上学和道德）的一切要求，并且抛弃人们强加于它的所有东西。它不想像形而上学那样，按照本性来规定和解释宇宙，它也不想像道德那样，用人的自由力量和神圣的任意性来继续塑造和完成宇宙。宗教的本质既非思维也非行动，而是直观和情感。它想直观宇宙，想聚精会神地从它自身的表现和行动来观察宇宙，它想以孩子般的被动性让自身被宇宙的直接影响所抓住和充满。于是它要同形而上学和道德在构成其本质的一切方面，在有其性格的一切影响力方面，都对立起来。形而上学和道德在整个宇宙中只把人视为一切关系的中心，视为一切存在的条件和一切变化的原因；宗教在人身上所想看见的，就像在所有其他的个别东西和有限东西身上所想看见的，是无限，看见无限的踪迹及其表现。形而上学的出发点241 是人之有限的本性，它想从其最简单的概念出发，从其力量的规模、意识之感受性的限度出发来规定宇宙之于人能是什么，人何以必然地必须关注宇宙。宗教其整个的生命也是生活在本性中，却是整体、恒一与完全的无限的本性；对于在这种本性中适用于一切个别之物的东西，因而也适用于人的东西，以及对于万物也包括人在何处能够活动和保持在个别形式和个别本质的这种永恒的发酵中，宗教只想平静地、忠诚地加以直观和揣摩。道德是以自由意识为出发点，它想把自由的王国扩大至无限，使一切都服从于它；而宗教的脉搏跳动在自由本身已经再次成为本性的地方，它想在人的特殊力量和他的人格表演的彼岸来把握人，从他必须是的，所是的，他愿意是或者不愿是的观点出发来看待人。因此，宗教只有通过既完全走出思辨的领域，也完全走出实践的领域，才能坚持它自己的领域和它本身的性格，而且，只有当宗教自身和形而上学与道德并肩而立时，公共的领域才能完善丰满起来，人的本性才能从这方面得到完善。宗教向你们表明，它自身作为（形而上学和道德）那两者之必然的和不可或缺的第三者，作为它们的天然的对立面，其伟大和尊严一点也不比你们愿意赋予给形而上学和道德的更低。想要拥有思辨和实践，而不拥有宗教，这是鲁莽的狂妄，是对诸神无礼的敌对，是普罗米修斯（Prometheus）的不敬感——要是他真的处在宁静和安全中，他所能够要求和期待的就是这把阴险的刀剑。人只是盗用了他对无限的情感，肖似于神的情感，如果他也不能意识到他的有限性，他的整个形式的偶然性，他的整个生存静悄悄地进入到无法无天中，对于这种情感而言之为不公道的善就不能发育。诸神自从开天辟地以来就惩罚这种亵渎。实践是技艺，思辨是科学，宗教是对无限的感觉和鉴赏。没有这种感觉和鉴赏，技艺如何能够超越于那些奇遇的和因袭的形式之平庸无奇，思辨又如何比某种僵硬、干瘪的骨架更好？或者，你们为什么忘记了一切向外部直至向宇宙的作用，你们的实践最终毕竟永远都是人自身的形成呢？因为你们把人同宇宙对立起来，不把人当作是宇宙的一部分，当作出自宗教之手的某种神圣的东西来感知；宗教如

242

何变成了蹩脚而单调的东西，只了解唯一的一个理想，到处都只服从于这个唯一的理想？因为你们缺乏对无限的和有生命力的本性的基本情感，这种本性的象征是杂多性和个体性。一切有限的东西只是通过规定其限度而存在，这种限度必须仿佛是从无限的东西中切割而来的。只有这样，在这种限度本身之内才能够是无限的并真正地被形成为无限的，否则，你们就会把一切都丢失在一个千篇一律的普遍概念中了。为什么这么长时间你们只有思辨，没有一个出色的体系，只有言辞，没有思想呢？为什么宗教曾经无非就是一再翻新的公式化的空洞游戏，而从来没有出现与之相符的东西呢？因为它缺乏宗教性，因为它没有神灵活现的对无限的情感，而且没有对无限的渴慕，对无限东西的敬畏，没有让你们细腻而轻飘飘的想法感受到一种必要的、稳固的厚重，以至于自身能够对付这种巨大的压力。一切都必须从直观出发，缺乏对无限进行直观之欲望的人，就没有一块试金石，当然也不需要这块试金石，以便知道，他是否能够对此想出一点名堂来。

思辨怎么会凯旋呢，怎么会有完善和圆满的观念论呢，要是宗教不曾带来抗衡的力量，不曾使其预感到一种更高级的实 243 在论，远远高于观念论那般果敢、带着那般充分的理由所遵循的实在论（Realismus）？观念论（Idealismus）似乎在形成宇宙时，就毁掉了宇宙，它将宇宙贬低成一种单纯的隐喻，变成我们本身限制性的一种什么也不是的阴影。牺牲我，敬重一个令人敬仰的卷发男子汉，被驱逐的斯宾诺莎（Baruch Spinoza）吧！高尚的世界精神浸润着他，无限的东西是他的开端和终点，宇宙是他唯一的和永恒的爱，以圣洁的无辜和深深的谦恭，他把自身映照在永恒世界中并且看到，他如何也是他值得爱戴的镜子。他就是丰满的宗教和完全神圣的精神。因此他也是这里绝无仅有、无人企及的宗教艺术中的大师，但他耸立在俗家之上，没有门徒，没有公民权。

对宇宙的直观，我请你们熟悉这个概念，它是我整个讲演的关键，它是宗教最普遍的和最高的公式，你们可以在我讲演的每个地方发现这个概念，宗教的本质和界限可以据此得到最准确的规定。一切直观都来自被直观者对直观者的影响，来自被直观者之本源的和独立的行动，然后由直观者合乎其本性地对之进行摄取、概括和理解。如果光线的照射（它完全不受你们的活动而发生）触及不到你们的感官，如果身体的最小部分没有机械地或化学地刺激到你们的指尖，如果沉重的压力没有向你们显示出是对你们力量的一种抵抗和限制，那你们就将什么也直观不到，什么也感觉不到，因此，你们直观到的和察觉到的，不是事物的本性，而是事物对你们的行动。你们所知、所信的东西，远远地处在直观的彼岸；这就是宗教。宇宙就存在于一种不断的活动中，每时每刻都在向我们显示它自身。宇宙表现出来的每种形式，宇宙根据生命的丰富性赋予每个存在物一种特殊化的实存，宇宙从它那丰富的、永远多产的母腹中产生出来的每一件事物，都是宇宙对我们的行动；因此，一切个别的东西都是整体的一个部分，把所有有限的东西都是无限的一种表现，这就是宗教；但想超出这点之外，更加深入地弄清整体的本性和实体，就不再是宗教了，如果硬是想要这样做的话，那就不可避免地倒退到空洞的神话中。当古人取消时间和空间的限制，把遍及整个世界的一切生命形式都视为一个无所不在的存在者的作品和王国，那么这曾经就是宗教；他们在宇宙的统一性中直观到了它的一种真正行动方式，就这样显示出这种直观的特征；如果他们为每个十分有益的事情，像偶尔以一种显而易见的方式显现自身世界的永恒规律，他们所

244

33

信服的神，给予其一个特有的别名并为其建造一个特有的庙宇，这就是宗教；他们解释了宇宙的一种行动，表明了宇宙的这种个体性及其特征。如果他们站在这个硬邦邦的刚性时代之上超越了这个充满裂缝和不平的世界，再次找到了奥林普斯山（Olymp）上的黄金岁月，将其置于诸神的快乐生活中，这就是宗教；这样，他们就直观到了世界及其精神的永远活跃机灵、永远生机勃发和气韵生动的活动，直观到了一切变幻和一切表面的恶的彼岸，这只是从有限形式的争论中产生的。但是，如果他们认为诸神的这种身世是一种神奇的编年史，或者如果后来的信仰展示给我们的是一个长长的关于信仰的源流及其演变系列，这就是空洞的神话。把世上的所有事情展示为一个上帝的行为，这就是现时的宗教，它表达出了宗教同一个无限的整体的关系，但是，对上帝在世界之前和世界之外的存在进行苦思冥想，这在形而上学中是好的，也是必要的，可在宗教中这也只能是空洞的神话，是对只是作为表现的辅助手段的一种继续构造，好像它真的就是本质性的东西，是一种完全出自固有的根基似的。

　　直观是并且永远是某种个别的、特殊的东西，是直接的感觉，此外什么也不是；联系并概括成一个整体，这从来就不是感观的事情，而是抽象思维的事情。这就是宗教啊，它保持和坚守在对宇宙的实存和行动的直接经验上，在一些个别的直观和情感上；每种这样的直观和情感都是自为地存在的活动，不与别的东西或依赖于它的东西相关；对派生的和有牵连的东西它都一概不知，在所有它能遇到的事物当中，大多数都是与其本性相违背的。不仅一种个别的事实或者行动，我们或许真的能够把它称之为宗教本源的和首要的东西，而且一切在它之内直接的和自为的是真实的东西也能够。——一个关于直观的体

245

系，你们能够设想出更神奇的东西吗？你们能够把观看自身，甚至对无限之物的观看纳入到某一体系中吗？你们可以说，我们必须这样观看自身，因为我们必须这样观看无限之物吗？有个人喜欢紧紧地挨在你们之后站着，紧紧地挨在你们旁边站着，一切都能够对他显得不同。或者退一步，在一种精神能够确立在其之上的可能的立场上，为了观察宇宙，它慢慢地渐行渐远，你们能够详尽地、一一列举并准确地规定出每一个事物的特征吗？你们看到的不是许多无限，每一个不只是在两个不同的状态之间持续地过渡吗？在这个问题上我是用你们的语言来讲。那将是一桩无限的事业，你们并不熟悉用这套术语把某种无限之物的概念同体系联系起来，而是把某种有限之物和在其有限性中完成的东西与体系联系起来。你们偶尔地也要提升到——不过这对于你们中的大多数人是有一种提升的——那个感性直观的无限物，那个令人惊叹和欢欣的星空。天文理论，让上千个太阳及其世界系统围绕一个共同的太阳运行，再要为这个太阳寻找一个更高的世界系统，这个系统能够成为它的中心，这样一直继续，朝内和朝外都达致无限，不过，对于这个理论你们是不愿把它称之为一个关于直观的体系吧？你们能够赋予这个名称的唯一体系，恐怕就是儿童心灵的原始活动，它把一大堆数不清的现象以特定的、但单薄而稚拙的形象来加以把握。但你们知道，其中并不是系统的假相，还总是有些星体在这些形象之间被发现，在它们的限度内一切也是不确定的和无限的，它们本身就总是某种纯粹任意的和最不稳定的东西。如果说服了你们中的某人，同你们一起把车子的形象描绘在诸重世界（Welten）的蓝色的天幕中，对他而言难道可以不顾（demohngeachtet），临近的诸重世界总起来看在整体轮廓上与你们看到的是全然不同的吗？这种无限的混沌，哪怕

246

在其每一点都表现一个世界的地方，恰恰作为这种表现事实上就是宗教最得体和最高的感性形象；在宗教中，如同在你们内心中一样，只有个别的东西是真实的和必然的，没有什么东西能够或者可以从另外的东西来证明，而个别东西应该在其中加以把握的一切普遍东西，一切联合和联系，或者存在于一个疏异的领域，只要它们应该是与内在之物和本质的东西相关联的，或者只是想象力之游戏和最自由的任意的一个作品。如果你们上千个人能够拥有这样的宗教直观，那么每个人无疑都会得到不同的轮廓，以便把捉到他是如何并列地或相继地洞见到

247　它的。直观在这方面大概不会达到他的心灵，而只是达到一种偶然的状态，达到一种鸡零狗碎的东西。每个人都喜欢有他自己的安排和他自己的归类（Rubriken），通过这种方式，既不能得到个别的东西，也不能失去个别的东西，谁要是真的明白他的宗教及其本质，就要把一切表面的联系深入地从属于个别的东西，不能为了前者而牺牲后者中哪怕最小的东西。正是由于这种独立的个别性才是如此无限的直观的领域。

　　你们站在物体世界的最远处，由此出发你们不仅在一个不同的秩序中看到一些相同的对象，如果你们愿意把握你们从前的任意的形象的话，你们无论在哪里再也找不到了，你们完全误入了歧途；而且你们还将在新的区域里发现还是完全新的对象。你们不能说，你们的视域也是包罗万象的最宽阔的，在此视域的彼岸再也不能直观到什么了，或者说你们的眼光是最锐利的，在此视域内没有什么能够逃脱它。你们发现不了任何的界限，你们也不会思想。宗教适合于在一个比此还要宽阔、还要更高的感官中。从一个对立的点出发，你们不仅在新的区域内得到了新的直观，在古老的众所周知的空间内首要的因素也将在不同的形象里一致起来，一切都将是不同的。它不仅因此

而是无限的，因为行动和受难（Leiden）也在同样有限的材料和性情之间无休止地变换——你们知道，这就是思辨唯一的无限性——之所以如此，不仅仅是因为思辨朝内是不可完成的，如同道德，它要朝向一切方面才是无限的，朝向材料和形式的无限性，存在的、观看的、知识的无限性。这种情感必须伴随每一个确实信宗教的人。每个人自身都必须意识到，他自身的东西只是整体的一个部分，对于同样以宗教的方式感化他的那 248 些对象有这样一些看法，它们确实都是如此虔敬的，但却是从他的完全不同的视域来看的，就是说，直观和情感是从宗教的不同要素中流出的，他对此也许还完全缺乏感觉。

你们看，这种谦虚的美德，这种友善的、吸引人的忍耐力是多么直接地源自宗教的概念，是多么内在地与宗教的概念相联系呀！所以，你们指责宗教是迫害狂，指责它恶毒地扰乱社会，让血流成河，这种指责是多么不公道啊！你们应该控诉那些败坏宗教的人，他们用哲学淹没宗教并想把宗教套上一种体系枷锁。为什么在宗教中出现了党同伐异，挑起战争的现象呢？有时是为了道德，时常地是为了形而上学，两者都不隶属于宗教。哲学，诚然是追求把有求知欲的人带到一种共同的知识之下，但宗教，如同你们每天所见的那样，并不把那些有信仰和有感情的人带到一种信仰和一种情感之下。宗教诚然追求的是，让那些还没有能力直观宇宙的人睁开眼睛，因为每一个观看者都是一个新的教士，一个新的中介，一个新的器官。但正因为如此，宗教决意避免赤裸裸的单调性，因为这种单调性将会再次毁掉神性的丰满。构筑体系的欲望当然要排斥异己，据称这样做也还是可以思议的和真实的，因为当异己要求在这个体系中占有他的一席之地时，就会败坏自己队伍的封闭性，破坏美妙的关系。在构筑体系的欲望中存在着矛盾的位置，它不得不争论和迫害。因为只要个别之物再次要同个别的和有限的东西牵连在一起，一个就要通过他的实存来破坏另一个。但在无限中一切有限之物互不干扰地并存在一起，一切都是一，一切都是真。也只有制造体系的人才会造成这一切情况，新的罗马，无神的罗马，但结果是，革出教门，迫害异教徒。古老的、真正虔信的和有高尚宗教性风格的体系，对每个神都曾是友好的，这对诸神而言也就足矣。宗教抛弃了的僵死文字的信徒们，他们满足于喧嚣和吵闹的世界，真正观看永恒的人们永远都有宁静的心灵，或者仅仅同自身和无限相望，或者当他们环视自我时，每次都只满足于以他特有的方式领悟大道（das große Wort）。但他们以这种宽广的视野和或对无限的情感，也看到了在他们自己的领域之外存在的东西，在自身之内包含着判断和考察无边无际的多面性的素质，这种多面性是不能从别的地方取来的。任何一个不同的东西都能让这个人物的心灵活灵活现——我并不排斥伦理，也不排斥哲学，毋宁说，正是由于伦理和哲学，才使我参考你们固有的经验——人的思想和追求（据称这也是要以伦理和哲学为准的）引出了一个环绕于他的紧密圆圈，他的最高之物就是被封闭在这个圆圈之中，对他而言，在这个圆圈之外的所有东西都显得是平庸的和不重要的。谁只是系统地思考，根据原则和意图行动，只想要以世界中的这个和那个东西为准，就不可避免地是以自己本身为限，会把并不促成其行为和活动的东西作为违背其意愿的东西。只有直观的驱动力，只要以无限的东西为准，就可使心灵处在无限的自由中，只有宗教能把心灵从意见和欲望的这种可耻的枷锁中拯救出来。一切存在着的东西，对宗教而言都是必然的，一切可能存在的东西，对宗教而言都是无限之物的一幅不可或缺的画面。谁只要找到了这个点，由此出发就可发现他同无限的关系。不管某物在别的关系中被说得多么可鄙，或者据称本来就很可鄙，以上述观点来看，它也总是有价值的，有其被保存的和被观看的价值。宗教让虔敬的心灵感到一切都是神圣的，有价值的，甚至连不神圣的和粗鄙的东西也是如此。一切把握到的和没有把握到的东西，一切在其自身思想体系中 250
存在的东西，与其特有的行为方式一致的或不一致的东西，在宗教看来都是神圣的和有价值的。宗教是一切自命不凡和一切片面性的唯一死敌。

最后，为了完成宗教的这幅普遍的画面，请你们回想一下，每个直观按其本性而言都是与一种情感相联系的。你们的器官是对象之间的这种联系的中介，是将向你们启示它的实存的这个对象的影响传达给你们的中介，它们必须以某些方式激动你们，在你们的内在意识中产生一种改变。但是，这种你们常常几乎难以觉察到的情感，在另一种情况下能够变得如此热烈，以致你们忘记了这是对于对象的还是对于你们自身的情感。你们的整个官能系统可以如此地完全受此情感的浸润，使得长久地任凭这种激动所控制，长久地任凭其余音缭绕并抵制其他影响的作用。但是在你们内心引发出一种行动，引起你们精神独立的运动，难道你们还不把这归因于外在对象的影响吗？不过，你们要承认，这种东西远在权力之外，也远在强烈的情感之外，在你们的内心必定拥有一个完全不同的源泉。这就是宗教啊。通过在有限的东西中启示给你们看的宇宙的行动，也带来了对你们的心灵和你们的处境的一种新的关系。在你们直观到它时，你们必定被某些情感抓住了。只有在宗教中直观和情感之间才出现一种相同的和比较稳定的关系，绝不会出现那种一头太重，以至于另一头几乎消隐无踪的情况。相反，如果如同太阳作用于我们的眼睛那样，永恒世界作用于我们的精神器官，如果永恒世界让我们如此目眩，使得不仅其余的一切在瞬间消隐不见，而且在此之后也还有很长时间我们所观察的所有对象，呈现出同样的画面，沐浴在它的光辉之中，这难道不是一个奇迹吗？如同这种特别的方式，即宇宙是如何表现在你们的直观中的这种方式，构成了你们的个体宗教的特性一样，这种情感的强度也规定了宗教性的尺度。越是健康的感官，就越能敏锐和肯定地把握每种影响，把握无限的苛求越是热切，冲动越是不可阻挡，情感本身就越是多样地和到处不停地被它抓住，这些影响力越是完全具有穿透力，它就总是越容易增强，对一切别的东西保持绝对优势。宗教的领域在这方面表现得如此宽广，它的情感应该抓住我们，我们也应该说出它，坚持它和表达它。但你们若想超出情感之外去发动它们应该实行的真正行为，驱使它们行动，那你们就处在了一个与宗教相异的领域。但你们要是也把这视为宗教，不管你们的行为看起来是多么地富于理性，多么值得称道，那你们还是不幸落入迷信（superstition）中了。一切真正的行为应该是道德的，也能够是道德的，但宗教的情感应该如同一首圣洁的音乐伴随人的所有行为，人所做的一切应该带有宗教，没有什么出于宗教之外。如果你们不理解一切行为应该是道德的，那我也就只能另当别论了。人应该平静地行动，所干的事情，应该深思熟虑地去做。你们去问问有道德的人，问问懂政治的人，问问懂艺术的人吧，所有的人都将说，这是他们首要的规矩。但是，人要是受宗教的热烈而震撼的情感驱动去行动，平静和深思熟虑也能失掉。出现这样的事情也是不自然的，宗教的情感按其本性是对人的行动力量的麻痹，它邀请人去享受宁静，沉醉于宁静。所以最有宗教性情的人们，由于他们缺乏除宗教之外的任何别的行动驱动力，也会弃世，完全沉溺于必需的直观。人必须在宗教逼迫他自内而外地采取行动之前，首先迫使自己拥有虔敬的情感，我只好参照你们的说法，如此之多无意义的和不自然的情感也跑到这条道上来了，这也是你们（对宗教）的控告。你们看，我给你们泄露的不仅有这些负面的东西，而且也有最优秀的和最值得称颂的东西。是否进行了无意义的利用，或者是否毁坏了好的作品，是否在血腥的祭坛上屠杀人类，或者是否以友善之手使人们喜悦，是否让生活死水一潭，或者把生活带到艰难而无趣的秩序中或者在轻松、淫荡的感性快乐中，如果从道德，从生活和从世界关系来说的话，这都是与天界不沾边的事；但要说它们应该属于宗教，是从宗教中产生出来的，所以要把所有这一切都当作是同样的，那就只有奴颜婢膝的迷信，与其他东西没什么两样。你们斥责那些通过一个人对他造成的影响来规定对他的举止的人，你们想，对于人的反作用这种最为正当的情感也不应唆使我们采取行动，我们对此没有更好的理由。所以也可指责那些人，他们的行动总是要以整体为目标，仅仅通过整体在他的内心所唤起的情感来决定，他作为这样的人将是出色的，放弃了他的尊严，不只是从道德的立场出发，因为他给予外在的动因以空间，而且也是从宗教本身的立场出发，因为他不再给予仅仅他所看重的东西一种内在的价值，这是一个自由的人，通过自身的力量成为整体的活动的部分。这个完全的误解在于，以为宗教应该行动，这同最为常见的误用不会有什么不同，在某些方面宗教也要从事一些活动，结果造成灾难和分裂。但在安静的行动上（这必定是出自自身的源泉），心灵充满了宗教，这是所有虔敬的目的。只有坏的精灵，而非好的精灵要占有人并驱使人，所以天父给他的儿子配备了大批的天使，不是让天使在他的内心，而是在他的周围。天使们也不是帮助他做什么和放

253

弃什么，也不应该帮助他，但天使们把开朗和安宁灌注在被行动和思想变得疲惫乏力的心灵中。诚然天使有时也从他的眼中消失，顷刻之间，在这里他的整个力量就会为行动激动起来，但是在眨眼之后，天使们又再次快活地簇拥在他周围，为他服务。

但在我把你们带入个别的直观和情感之前，诚然这种个别的直观和情感是我随后必须给你们讲的东西，请允许我在此之前哀悼片刻，我不能把这两者说成无非就是被分离的东西，如果这样说的话，对于我的讲演而言，宗教最纯真的精神就丢失了，而我也就只能摇摆不定地掩盖其最内在的秘密。但是，一种必然的反思把两者分离开了，谁又能够对属于意识的东西说点什么，而不首先通过这种媒介呢。不仅在我要传达宗教情怀的内在行为时，而且在我要把它们只当作我们内心的观察素材并想把它们提升为明晰的意识时，立刻就要进行这种不可避免的区分：事实，渗杂了我们的双重活动的原始意识，这双重的活动就是既在主导、向外作用的活动，又只是在单纯描绘和模仿，而这种双重的活动毋宁说似乎是有助于事物的，在触及最为单纯的素材时立刻就分裂为两个对立的因素：一个组成为客体的形象，另一个渗透为我们本质的核心，在那里与我们原始的冲动一起沸腾澎湃，发展成一种转眼即逝的情感。哪怕带着宗教感的这种最内在的创造力，我们也不能够逃脱这种分裂的命运。我们无非能够在这种被分离的形态中再次敦促和告诫其产物是表面。只是不允许你们——这恰恰是最危险的错误之一——这样思考，把宗教的直观和情感如此原始地在心灵的第一行动中也分化开来，如同我们在这里遗憾地看到的这样。无情感的直观什么也不是，既不会有合理的起源，也不会有正当的力量，无直观的情感也什么都不是：两者存在着并所以是某

254

种东西，只是因为它们原始地是一个东西，是不可分离的。那第一个神秘莫测的时刻，在每一个感性知觉这里出现，在直观和情感还没有分离之前，感官和它的对象仿佛是内在地糅合为一体的，两者返回到了它们原初的位置——我明白，它为何不可书写，为何那么快地转瞬即逝，但我唯愿，你们也能够抓住它，也能够在心灵更高的和神圣的宗教活动中再次认识它。我能够并可以说出它，至少暗示，不要亵渎它！它是那样地流畅和透明，就像清晨的第一缕薄雾和第一滴露水，在含苞待放的花朵间飘洒和滚动，它娇羞和温柔得就像少女的第一次接吻，它圣洁和丰腴得就像新娘的拥抱。是的，它不仅仅是像，而且简直就是所有这些本身。一个现象，一个事件飞快地、鬼使神差地发展成为宇宙的一幅画面。它就像自我成材、永远被爱戴、被追求的人物，让我的心灵朝它飞奔而去，我拥抱它不像是拥抱一个阴魂，而是如同拥抱一个神圣的存在者本身。我躺在无限世界的胸膛上：我在这个瞬间就是它的心灵，因为我感觉到了它的一切力量和它无限的生命，就像我自己的一样，它在这个瞬间就是我的躯体，因为我穿透它的肌肉和关节如同穿透我自己的一样，而且它的最内在的脉搏按照我的感觉和我的预感运动就像我自己的一样。最细微的震动，神圣拥抱的轻轻松开和直接对视，现在才在我面前作为一种被分离开了的形象，我比较它们，它们反映在这个坦诚的心灵中，如同这个脱身而逃的被爱者的身姿反映在情郎火星直冒的眼睛中一样；从内心中迸发出来的情感扩散到全身，如同羞涩而快乐的红晕映现在她的面颊上。这一时刻就是宗教的最高花朵。 255

　　我要是真能为你们创造这一时刻，那我就是一个神了——只是这个神圣的命运原谅我，我哪能比爱留西人（Eleusische）的秘仪发现的东西还要更多呢——这一时刻是宗教中一切生命的诞生时刻。但这就如同人的第一个意识，将人拉回到一个本源的和永恒的造化的黑夜中，只是给它留下了它所创造的东西。我只能给你们回忆起直观和情感，它们是从这一时刻发展出来的。但这据说也对你们说过了：哪怕你们还是完全理解这些的，哪怕你们相信它们在你们内心达到了最清晰的意识，但你们还是不知道，也不能指出，它们是如何从这个瞬间进入到你们内心的，为何它们本来就是一个东西，是不可被分离的。所以不能进一步说服你们和我，事情不过不是如此，（因为）你们的心灵从来没有接受过它们，它们只是被偷偷换掉的孩子，你们在自己懦弱的隐情里领养的是别人心灵的产儿。作为对一切神圣生命的亵渎和疏远，我给你们描绘的这些，那么就是宗教要回避而自身却对宗教自鸣得意的东西。因为这个人具有对世界的直观和应该如何表达宗教的公式，另一个人则有情感和内在的经验，因此他就用文献证明宗教。前者重迭地编织他的公式，后者则从他的经验出发编造他的救赎秩序，于是就产生争执，我们究竟必须取得多少概念和解释，多少次接触和感受，才能因此整合成一个可行的宗教，既不冷漠也不热烈。你们这帮笨蛋，竟有这么迟钝的心！你们不知道，所有这些都只是对宗教感的肢解，你们自己的反思肯定也要被肢解，如果你们现在还意识不到，必须拥有某种能够瓦解这种肢解的东西，你们又从哪里拥有宗教感呢？你们有记忆和模仿，但没有宗教。你们没有产生这些直观，你们知道公式是干什么的，而且你们背得出并保存了这些公式，你们的情感是能够像演戏似的模仿的，像一个陌生的怪物，正因为如此活像一幅讽刺画。你们想从这些已经失去知觉和腐败了的部分整合成一种宗教？我们诚然可以从一个有机体的汁液中分解出它的相近的成分，但你们能够取出这些已经分解出来的不同元素，将它

256

们混合到每一种关系中，以任何一种方法对待它，再次从中造出心脏之血吗？已经坏死的东西能够再次运动在一个生命机体中，与它同一吗？活生生的自然产品能从其被分离的组成部分中得到修复，所有人为的技艺在此则遭遇失败，所以，如果你们也还是这样完全从外部来形成和培育宗教的个别要素，那你们将不会使宗教获得成功。神圣的生命如同一株细嫩的植物，它的嫩叶还在包裹它的蓓蕾中孕育，你们能够使其干枯也能使其保存的直观和情感，都是美丽的花蕾和花冠，它们能够在隐秘受精的行为之后立即开放，但也会很快再次凋谢。但是，神圣的生命从内在生命的丰满中一再地推陈出新——因为神性的生命在自己的周围形成一种天堂般的气候，没有季节的变换损害它——把开过的花朵撒向大地，算是它们向哺育它们的、被大地覆盖着的根源献上一份谢意，同时还对它们曾经生长于斯的枝干散发出阵阵迷人的芳香，以寄托对往日的回想。现在我就想取这些蓓蕾、花蕾和花冠给你们扎一个神圣的花环。

257

对于外在的大自然，被如此之多的人视为神灵之最早的和最高贵的庙宇，视为宗教最内在的圣殿，而我只把你们带到这个圣殿的最外面的前庭。既非对于你们看到的在此世忙碌的物质力量的畏惧，也非对于物体自然之美的喜好，才应该或能够首先给予你们对世界及其精神的直观。不是在天空轰鸣的雷声中，也非在大海汹涌的波涛中你们应该认识全能的存在者，既非在花前月下的痛苦中，也非在晚霞映照的光辉中认识情人和善良。它能够是的就是两者，畏惧和愉悦的享受，这些大地冥顽无羁的儿子才为宗教做了准备，但这些感觉本身还不是宗教。一切对不可见之物的预感，是它们使人们走上了这条道路，但还不曾是宗教，而是哲学，它们不是对世界及其精神的直观——因为这只是注目于不可把握、不可测度的个别东西——而是对原因和第一推动力的寻求和探究。如同一切属于自然原始的质朴的东西一样，它只是宗教中的一个稚拙的开端。只不过，这种东西如此长久地存在着，还有力量唤起心灵的活动。但它却达到了我们还未曾站立的完善的高峰上，也许还能借助于艺术和任性变为一个更高的形态，但在教养的道路上它不可避免地并以比较幸运的方式走向衰落，因为它只会阻碍教化的进程。我们就处在这条道路上，所以，通过性情的这种运动也没有宗教向我们走来。运用于尘世教化的一切努力的大目标就在于，消除自然力对人的统治，停止对自然力的一切畏惧。那么，我们如何能够在我们力求去征服和部分地已经被

258 征服了的东西中直观宇宙呢？自从火神富尔坎（Vulkan）给我们制作了一个保护伞之后，朱庇特（Jupiter）的闪电就不再令人惊恐了。灶神维斯塔（Vesta）在赢得了海神尼普顿（Neptun）之后，保护了我们免受他的三叉戟的最愤怒的打击，并使战神马尔斯（Mars）和医神埃斯库拉匹（Äeskulap）的儿子们联合起来，以便保护我们免中阿波罗（Apollo）的封喉之箭。畏惧形成了，就这样被那些神灵们一个消灭了另一个，而自普罗米修斯教导我们时而迷住这一个、时而迷住那一个之后，人作为胜利者站在他们普遍（经历）的战场上欢笑着。

爱戴世界精神，喜乐地直观其产生的作用，这是我们宗教的目标，在爱的里面是没有畏惧的。与地球被美所环抱没有什么不同，孩童般的人也为内在的爱所缭绕。什么东西使那色彩纤柔的游戏，使苍穹的所有现象令你们赏心悦目，使如此之多的惬意之物让你们目不转睛，凝眸于朴素大自然的最可爱的作品？什么东西不在你们的眼中，而在宇宙中并为了宇宙而存在？因为如果它是某种应该为你们的宗教而存在的东西，你

们毕竟还是要这样问的。它要是作为某种偶然的幻相转瞬即逝，那你们瞬即想到的是那伴随其发展始终遍及寰宇的素材。你们想想看，你们能在幽暗的地窖中劫走植物的所有美丽，但毁坏不了它的本性；你们想想看，你们的整个心灵都生活在其色彩中的斑斓的幻相，无非就是同一光线的流射，所不同的只在于，它折射在尘世烟雾的更大海洋中。同样的正午光线，让你们眼花缭乱得受不了，而对于东方已经是闪着微光的晚霞——不过你们必须这样设想，如果你们想要在整体中直观这些事物的话——那你们就将发现，这些现象，它们也如此强烈地触及你们，却不能等同于是对世界的真正的直观。 259

也许，我们将在一个更高阶梯上把我们在这里应该踩在地上的东西，在整个世界空间中传播，这将要求我们作为神圣的观众满足于发现物质力量的统一性以及它的无所不在。也许，我们也将带着惊讶在这个幻相中发现那个赋予整体以灵魂的精神。但这与畏惧和爱相比是某种不同的和更高的东西，现在你们当中的理性英雄们，无需过于讥讽人们想通过把它们贬低在僵死的素材之下并通过空洞的诗把它们带往宗教，敏感的心灵不可相信，它们能够就这样轻易地被带进宗教。不过在物体自然中也有某种更为本质性的东西，能够被直观为这样的东西。无数的物质，它们的无限性散落于一望无际的空间，穿行在不可胜数的轨道，而这不就是当我们在思考和注目于世界时把人击垮而使之陷入敬畏的东西吗？只是这个，你们在此感觉到的东西，对我来说不算宗教。

空间和物质并不构成世界，不是宗教的素材，在它们当中去寻求无限性是一种小孩子的思维方式。说它是对世界的一知半解也算不上，简直就是对于世界物体的亮点一无所知。曾经，直观到宇宙之辉煌的人不比现在少，请原谅，蔑视宗教的人不比现在多。以此回头看一看，不正是最有限的物体如同那些世界一样无限吗？不能把你们感官的无能当作你们精神的骄傲，而由于精神把它的整个无限性浓缩在小的公式里，它能用数字和数量所能做的，无非是能用它们来计算，而什么是最无意义的事情呢？事实上，外部世界里触动了宗教感的东西，260 不是世界的物质，而是世界的规律，你们抬起眼睛看看吧，这个世界如何囊括了所有最大之物和最小之物，把世界体系和那些漂浮在空气中的尘埃统统纳入怀中，之后再说，你们是不是还看不到世界的神圣统一和永恒不变。平常的眼睛从这些规律中首先感知到的东西是秩序，这是天上和地上的一切运动一再返回其中的秩序，它规定了天体运行的轨道和一切有机力量来来去去的均衡，规定了机械论的规则中持久的确实性和在可塑的自然追求中永恒的单调性。可这些在宇宙的直观中恰恰是最微不足道的。

如果你们从一个伟大的艺术品中只看到一个具体的片段，而在这个片段的具体部分中又再次感知到完整自为的美丽轮廓与关系，是可以包罗在这一片断之中的，而且可以让我们从中完全鸟瞰到它们的规则，那么，这个片段对你们而言不就显得比一个作品的一个部分更多的是一个自为的作品吗？如果这个片段完全是在这种风格中塑造的，你们就不能断定，它一定缺乏生机、胆识和所有能够触摸一种伟大精神的东西。在你们必定会触摸到一种崇高的统一，一种伟大的关系的地方，除了具有一种通向秩序与和谐的普遍趋向之外，必然在具体的关系中还存在着从它自身出发不能完全理解的东西。世界也是一部作品，你们从中只能眺望到一个部分，假如这个部分在自己本身中完全是井然有序和完整的，你们就不可能给这个整体弄出一个高高在上的概念。你们看，常常有助于返回到宗教的那些东西，反而在对世界的直观中具有一个比它更大的作品，作为自身首先呈现给我们，让我们从一个更小的部分中看到秩序。在古人的宗教中，只有那些低级神职人员和年轻侍女们才看管着千篇一律重复着的东西，那些其秩序已经被发现，但人们不可把握其无规律可循的偏离和革命，这些东西才正是诸神之父的作品。天体运行中的种种摄动（Perturbationen）暗示出一种更高的统一，一种比我们已经从其轨道的合规律性中觉察到的更为坚实的联系，而可塑的大自然的那些反常和懒散的游戏，迫使我们看到，它对待它的那些最为确定的形式也仿佛带有任意性，带有某种不可思议性，它的那些规则我们只有从一个更高的立足点才能发现。我们离这个最高的立足点还是多么遥远，我们对这个世界的直观依然还是多么的不完善呀！

　　看看规律吧，你们如此遥远眺望的世界，到处都依此运行，有生命的东西与那些顾忌被视为无生命的东西都密切相关；看看一切如何得到滋养，如何把无生命的物质强行拉进它的生命中，如何从各方面催逼我们给一切生命储藏生命的储备，这种储备不是无生命的，而是到处重新创造出生命；看看如何保持在一切生命形式的多样性和物质的无限丰富性上（这些物质每一个都需要交换，每一个都充足），使得其生存圈畅通无阻，每一个都只服从于内在的命运，而不会遇到外在的匮乏，在这里显示出无限的富足，充满着财富！看看我们如何被母爱关怀的印象、被孩子般的信赖所把握，在这个完满而富足的世界上过着无忧无虑的甜蜜生活；你们看看田野里的百合，它们既不耕种也不收获，不过你们的天父喂养它们，它们衣食无忧。但这种愉快的目光，这样爽朗欢欣的感觉也是至高无上的，甚至是唯一的东西，对于从对大自然的直观中获得它的人而言，是宗教最大的一个英雄。

262 所以，直观对于这样的英雄而言也只不过就是站到了宗教的前庭而已！不过直观给予我们一个较大的收获，因为一个更加富有的时代更深入地沉浸到你们最内在的心田。它们的化合力，这些物体本身据以形成和毁灭的永恒规律，都是我们在其中最清晰、最神圣地直观到了宇宙的东西。你们看看，禀性和反叛如何规定了一切，到处不停地起作用；所有的差异性和所有的对立如何只是表面的和相对的，所有的个体性都只是一个空洞的名称；你们看看，所有相同的东西如何努力藏身和分身于成千上万种不同的形态中，你们如何从不寻求单纯质朴的东西，而是组装和耗费一切人工的东西；这就是世界的精神：它哪怕处在最小的东西中也同样像在最大的东西中那样，完善和清晰可见地表现自身；这就是对宇宙的直观：它从一切由神性渗透并与之同一的东西中发展出来，抓住情感，事实上到处都可看到它，但不只是在所有的变化中，而且在一切生存活动中看到它，我们寻求的无非就是精神的一个作品，就是这些规律的一种表现和实施，只有对于它，一切可见的东西也现实地是一个世界，一个有教养的世界。在一个完全缺乏我们这个世纪所推崇的一切见识的地方，诚然早在希腊人最古老的智慧中，就已经不缺乏对自然的这种看法了，这清楚地证明，宗教所是的一切，如何鄙夷和轻蔑地拒绝任何外在的帮助。这样的宗教要是能够被民族的智慧所渗透就好了，谁知道，哪些崇高的进程就要取代他的宗教了呢！

但什么是爱和反叛，什么是个体性和统一性？自然因此才在真正的意义上变成了你们所直观到的世界的这些概念，你263 们是从自然中得到的吗？它们原本不是从内心的情感缘起并因此而指向对世界的直观吗？因此这也就是宗教所注目的真正的情感，宗教就是从这里取得对世界的直观的。宇宙是在内在生命中形成的，只有通过内在的生命，外在的生命才获得理解。但情感，如果它必定创造和滋养宗教的话，也必须在一个世界中被直观到。让我给你们来揭示一个秘密，这是在诗歌艺术和宗教的最古老的原始文献中隐藏的秘密。

很久很久以前，第一个人仅仅是同自身和自然在一起，不过神祇高高在上地主宰着他，神以不同的方式同他打招呼，但他不理解这些，也就不能应答神祇的招呼；他的伊甸园是美丽的，天体从美丽的天空给他倾泻万丈光芒，却激发不出他对世界的感觉，他自身也不能从他心灵的内在之处发展出来；但他的情感为对世界的渴望所动，于是便想共同推动对动物的创造，看是否能从什么东西中培育出一个来。由于神祇了解到，他的世界一无所有，这么长时间他都是孤身一人，就给他创造了一个女伙伴（Gehilfin），这时才在他的内心激起了富有生命和精神的声音，只有这时他才张开眼睛看世界。在他的肉之肉中，在他的腿之腿中，他发现了人性，在人性中他发现了世界。从这一瞬间开始，他变得有能力倾听上帝的声音和应答上帝的招呼，但由于他罪恶地逾越了神圣的律法，他从这时起被驱逐出伊甸园，不再与永恒的存在者往来。我们的所有历史都是在这个神圣的传说中讲述的。否则的话，一切都只能是为一个孑然一身的人存在；因为，为了直观世界和拥有宗教，人才必须找到了人性，他只是在爱中并通过爱才找到人性。所以人和人性两者是如此内在地和不可分离地联系在一起的：对宗教的渴求就是有助于他享受到宗教的东西。每个人最热烈地拥抱这种享受，在这种享受中世界最清晰、最纯粹地映照出来；每个人最柔情地喜爱这种享受，在这种享受中他相信能够找得到他所缺乏的，所有能把人性组织集中起来的东西。所以，让我们走向人性，我们在这里为宗教找到了素材。

264

在这里，你们也处在了你们最本真和最挚爱的家乡，你们开始了最内在的生活，你们树立起你们眼前的一切追求和行为的目标，同时感受到你们力量的内在动力，这种动力推动着你们继续朝着这个目标奋进。人性本身对你们而言就是真正的宇宙，其他的一切只有当它们同人性有关联并环绕人性时，你们才把它们算作是这个宇宙。对于这个观点我也不想给你们再做什么引申，但经常使我内心痛苦的是，你们在对人性的一切爱和热心方面经常地像一堆乱麻，不能统一。你们在改善和教育人性方面折磨自己，每个人都按照自己的方式，最终让你们充满恼怒，达不到目标。我可以说，这也是由于你们缺乏宗教造成的。你们想影响人性，而你们看到的却是众人，具体的人。这些人让你们极为反感；在所能有的上千条原因中，最美丽动听的和属于比较好的原因无疑是，你们太过于道德化了，按照你们的方式。你们具体地取人，那么你们也就有一个关于具体的人的理想，但众人却不符合这个理想。所有这一切就是颠倒的开始，你们与宗教也就越离越远了。你们只想试图，把你们作用的对象和你们直观的对象做交换！但只作用到你们看到的具体对象，就把宗教向无限的、不可分的人性展翅高飞的翅膀折断了。你们在每个具体的人中寻找宗教，把每个人的实存视为宗教对你们的一种启示，这就能够了无痕迹地把宗教倒退到现在令你们苦楚的一切东西上。

265　　我至少也可自夸有一颗道德心（Gesinnung），我也懂得尊敬人的德性，但若不是宗教给我了一个简直是伟大而崇高的视野，那鼠目寸光的平庸，差不多就能用被轻蔑的不快之感把我填满。你们考虑把人类的天赋（Genius）作为最完善、最普遍的艺术家吧。它能使无物不各具一种固有的实存。一旦它显得在调试色彩，削尖铅笔，活生生的，有意蕴的特征便在形

成。它就是这样想象和形成无数的形相。数百万人穿上时间的
礼服，作为其需要和趣味的忠实图像；在另一面表现出对前世
的回忆和对遥远未来的预感；有一些是对至美、至神的最崇高
和最贴切的刻画，其他的则是一个名家最滑稽、最草率的情绪
化的荒诞作品。说天赋制作了尊贵的器皿和卑贱的器皿，这是
一种非宗教的看法。个别地你们必定什么也看不到，但让你们
喜悦的是，每一个都正当其位。所有这些能被同时觉察到并仿
佛跃然纸上的东西，属于一个巨大的历史画卷，它们表达着宇
宙的一个环节。

你们想要蔑视那个提升了龙头组织，给予整体以生命和完
满的东西吗？那些具体的天上形相不应该借由成千个其他形
相瞻拜在它面前而受荣耀吗？我们看到，一切是如何注目于
它们，与它们相联系呀。事实上，在这个表象中比一个陈腐的
譬喻呈现出更多的东西。永恒的人性不知疲倦地积极创造自
身，在有限生命转瞬即逝的现象中，以最丰富多彩的方式表现
自身。假如真的只有一个最高理想千篇一律地重演，诚然在众
人这里，除去时间和境况，真正说来都是一样的，同样的公
式，只是与不同的系数相联系，那它拿什么来应对人类现象的
这种无限的差异性呢？你们想获取人性的那些要素，如果每 ²⁶⁶
一个在每种可能的境况中几乎以其纯洁性重复出现，那就应该
找不到任何这样的东西，（相反，它们）在每一次同每一个其
他的东西都是混合在一起的，直到同所有其余的东西几乎达
到最内在的饱和（而这种饱和也是一种不可达到的极端），而
且，这种混合也准备了每种可能的方法，每种进行的类型和每
种罕见的联合。

如果你们还能思考你们看不到的联系的话，那么，这种缺
陷也是宇宙的一种反面的启示，一种暗示（说明这种联合在目

前所要求的对世界的热情程度上是不可能达到的，而你们对此的想象力是一种超出人类目前限度的眺望），一种真正神圣的灵感，是对将来存在的东西的非任意的和无意识的预告。但是，看起来缺乏所要求的无限多样性，这种情况实际上不是太少，而站在你们的立场上表现给你们的情况，也不是太多。就是那些常常抱怨人性的形式最平庸，总是千篇一律地不加改变地重复模仿，实为多余的人，把宗教说成是一个空洞的假相。即便是有限的理智也能洞见出，是永恒的理智吩咐它，必须把那些在它们身上最难以作出区分的个别东西的形相，最密切地相互聚集起来。但每一个都有某种独特的东西：没有哪一个与别的东西雷同，在每一个东西的生命中具有一种特色，如同非贵金属身上的银光，一旦当它接近一个更高的存在或者通过一次电击，仿佛就从自身而得到提升，一跃而站上它将是的最高顶峰。它就是为此瞬间而创造的，在此瞬间它达到了它的使命，被耗尽了的生命力又再次灌注到它身上。帮助弱小的心灵达到这一时刻或者在这一时刻觉察到这种生命力，这原本就是一种享受。但对那些从未达到这一时刻的人而言，他的整个生存就显得是多余而卑贱的。所以，每一个人的生存在双重意义上都与整体相关。

我在考虑阻止那个不倦地被驱动的卑微化进程，通过这种阻止，一切人性的东西内在地交织，相互地依靠，所以每个个体按其内在本质都是对人性的完善直观的一个必然的补充。这个人指给我看，每一个四散游离的粒子，只要那个赋予整体以灵魂的内在构成力还能够在它内部继续平静地起作用的话，是如何自动构成为精致而合规则的形式的；另一个则给我指明，由于缺乏有活力的和统合性的热情，地上物质的僵硬如何不能被克服，或者，在最内在精神的一个剧烈运动的氛围里，它的行动如何被搅乱，一切变得面目全非和不可辨认。后者表现为人性粗野而畜性的部分，只是由于被人性最初的笨拙躁动所引起，前者表现为最纯粹的、去掉了杂质的①精神，同一切低下而卑贱的东西分离，只以轻盈的脚步跳跃在大地上。一切都在此，为了通过其此在（Dasein）表明，人类本性的这些不同部分是如何被分化，如何在细小处起作用。如果在这些不可胜数的人群中，总有这样一些人，这一个作为人类优秀和卓越的代表，另一个弹奏出优美协和的旋律，无需另外的伴奏和后台的调弦，而是通过其内在的和谐而使整个心灵在一个音调中陶醉和满足，这岂不足矣？

我反复观察人性进程中的永恒的车轮，发现这种不可忽视的内在交错是如此必须，在这里没有任何变动的东西完全是被其自身而推动，没有任何活动的东西仅仅只是它自身在动。能使我平静地面对你们的控诉的是，理性和灵魂，感性和德性（Sittlichkeit），②理智和盲目的力，表现在如此被分割的材料中，你们看到一切个别的东西，但为什么看不到它们是个别地起作用，为了自己而起作用？一个人的理性和另一个人的灵魂互相刺激是非常内在的，它哪能真的只在一个主体中发生呢？从属于感性的德性是在感性之外确立的，所以它的统治有着更多的限制，如果德性只分配给每个个体一小份，几乎察觉不到，那么感性就将更好地起统治作用，你们相信吗？每

268

---

① 原文是：dephlegmierte。德文编者指出这个词的意思等于 entwässern（去除水分，干燥处理），类似于 destilieren（分离术，切割术）。因此在这里为了直接与前面"纯粹的"这个形容词相应，译作"去除了杂质的"，意思为"不带水分的"。

② 该词在德国哲学中一般译作"伦理"或"伦理性"，在此为了与"感性"（Sinnlichkeit）相对，译作"德性"，因此只能把它作宽泛地理解，包含"道德"和"伦理"，而不能狭义地理解为作为个人品德的"德性"。

个个体身上被配备了一大堆盲目的力，但不是这些力本身对整体发生作用，在其产生的作用中也不是没有留下粗野的危险的。相反，经常是在尚不知道它的时候，你们在另一点上发现的、在大量群众中累积的理智，却成了感性的主宰，感性恰恰也是这样不知不觉地、以不可见的纽带遵循着理智。

这样就让我隐身到我的立场上，向你们规定已经出现的人格（Persönlichkeit）的轮廓，这个主宰着意见和流行情感的魔力圈环绕着一切，如同一个充满融合力和吸引力的氛围，融合和统一一切，并通过最活泼的传播，也把最遥远的东西拉进来，积极地接触，好让内心装满阳光与真理的人格不断流出，卖力地向四周扩散，使得阳光和真理至少浸透一部分人的内心，而另一些人也能表面上披着光辉和令人迷惑的光彩。这就是宇宙的和谐，这就是宇宙的永恒艺术品中神奇而伟大的统一。

但你们以你们惨兮兮的个别化要求亵渎了这种荣耀，因为你们处在道德的第一前庭，你们也还要忙于羞辱高级的宗教。你们的需求已经足以清楚地表现出来了，你们无非就是想要认识和满足于认识！你们所寻求的一切事实性，就是这种上天秩序反映在其中的事实性，对你们而言就是一种不能被提升为神的符号的事实性。

269　你们还是丢掉一个老掉牙的已被废弃不用的概念而追寻万有中的这个圣主吧，在他身上人性直接地得到启示，在你们狭隘的思维方式和世界的永恒限度之间，唯有他才能够是这样一个中介。如果你们寻找到他，那么整个人性和迄今为止以不同的面目显现给你们的一切，就完全被这个新的光芒所贯穿和照亮。那么，从这个改变开始，宗教就以其最敏锐的感觉和更加富于教养的判断，贯穿于人性的整个领域，返回到真正的自我，它终于在自身这里找到了通常总是从遥远偏僻之处共同寻找的所有东西。

在你们自身，如果你们到达了此处，不仅最美丽的东西和最低下的东西，最高贵的东西和最卑贱的东西，你们在别人身上作为人性的个别方面所觉察到的基本特征，都能发现。在你们身上你们不仅发现所有不同时代当中人性力量的多种多样的程度，而且发现你们在他人性格当中直观到的所有不同天赋的无数复合，给你们表现出来的只是作为你们自身生命的固定的切面。有这样的瞬间，你们在这里这样想，这样感觉，这样行动，在这里你们现实地是这样的人和那样的人，尽管存在着性别上的，文化上的和外在处境上的所有差别。你们能够把所有这样的不同形相现实地贯穿到你们自身的秩序中去。你们自身是人性的一个大纲（Kompendium），你们的人格在某种意义上包括了完整的人的本性，而这种完整的人的本性在所有人当中没有什么是它的表现，除非是你们自身多样化的、明显优秀的和在它的所有变化中永恒化的自我。在谁那里宗教如此重复地回复到内心，在他的内心中也发现了无限，他为了达到对人性的直观就不需要更多的中介，他能够为许多人而是他本身。 270

但你们不仅必须在其存在中，而且也必须在其变易（Werden）中，直观人性。人性也有一个更大的轨道，它不再回头，而是继续大步穿梭轨道，它也将通过其内在的种种改变继续朝着更高和更加完善塑造。宗教不想加速或反对这种进步——它自谦于有限的东西，只能起到有限的作用——而只是观察并把它感知为宇宙的最大行为之一。把人性的不同的片段联系起来，从它的序列中猜测到引导整体的精神，这是宗教的最高活动。最真实意义上的历史是宗教的最高对象，宗教与它同起同落——因为预言在宗教的眼中也是历史，两者根本不能相互区分——而且一切真正的历史到处并首先有一个宗教目的，是从宗教理念出发的。那么在历史的领域，也存在着宗教的种种最高的和最崇尚的直观。

在这里你们看到精灵和灵魂的轮回，通常只表现在一首柔情的诗中，超出一种感觉之外更多地是作为宇宙的一种奇妙安排，以便按照一个确定的尺度对人类的不同时期进行比较。有时回复到一个漫长的过渡空间，在这里自然要是不能产生什么类似的东西，随便什么优秀的个体都完全相同该有多好。但只有观看者认识个体，只有历史应该从个体对它产生的作用中来评价不同时代的特征。有时人性的一个个别的片段完全重来，就像一个遥远的先前时代让你们返回到它的图像一样，你们应该从不同的原因并通过它现在因此能被产生的原因，来认识宇宙的进程及其规律的公式。有时一个人特殊的资质天赋从他的瞌睡中唤醒了，来来回回地升降起落，它的行程已经完成了，在一个不同的地方和在不同的处境中表现在一个新的生命中，应该暗示出它的更加快速的繁荣，它的更加深刻的作用，它的更加美好、更加有力的形相，以便像许多东西那样改善人性的气候，成为更加适宜地滋养高贵花木的土壤。

民族和可朽的世世代代，在这里表现在你们眼前的，就如同以我们前面的眼光看待的个别众人。有一些尊贵威严、富于精神，有力地产生无限的影响，而挣脱时空的外表。另一些则平凡庸常，无足轻重，只规定生命的一个个别形式，或者让大一统的表象呈现出固有的细微差别，只在一个片刻才实际地生活着和值得关注，只是为了表达一种想法，创造一个概念，而后则瞬即毁灭，以便能够把它最美花朵的果实接种给他人。就像植物性的自然通过整个类族的衰亡和从整个植物世世代代的残渣废料中产生和营养新的植物界一样，你们在这里就看出，精神的自然也是从一个辉煌而美丽的人世（Menschenwelt）的废墟中创造一个新的人世，这个人世是从精神自然毁灭的和神奇转变的元素中允吸出它的第一生命力。

　　如果在这里，你们的目光在对一个普遍关系的直观中，常常这样直接地从最小之物到最大之物，从这一个再到那一个，轮番揽顾，在两者之间来回扫视，不停地闪烁回荡，直到目眩眼花，再也不能分别大的和小的，原因和结果，保存和毁灭，那么一个永恒命运的形相就表现在你们面前，其特征完全是这种状态的烙印，是僵硬的固执和深沉的智慧，粗鄙无心的暴力和温柔内在的爱意的奇妙结合，你们时而抓住这一个，时而又转身去抓那一个，一时对无力的反抗很倾心，一时又被孩童般 272 的热衷所吸引。你们再来把对立的观点从中产生出来的个人的特殊追求，同整体静谧一律的过程做个比较，你们就看到，崇高的世界精神是如何含笑地跨越所有那些喧闹地反抗它的东西的；你们还看到，威严的复仇女神娜美西斯（Nemesis）是如何踏着世界精神的步伐，永不疲倦地穿过大地，规训和惩罚反抗诸神的那些不知天高地厚的狂妄之徒的，她又是如何以其铁腕割舍了那个最干脆、最优秀的人物，这个人也许具有可称颂和值得赞美的坚定顽强，却不愿向伟大神灵的温存气息低头弯腰。你们终于愿意把握人类一切变化和一切进步的真正性格的话，那么宗教给你们指明，有生命力的诸神是如何除了死亡什么也不恨，除了人性首要的和最终的敌人，什么也不该受到迫害和摧毁。粗鲁、野蛮和不成体统者应该被吞噬，被转化到有机的教养中。没有什么应该是僵死的、捏不拢的泥块，它只是要凭借死亡的撞击才运动，只是要凭借无意识的冲突才反抗：一切应该是本己的、复合的、多面摄取的和提升着的生命。盲目的本能，不思想的习惯，呆若木鸡的服从，所有的懒惰和被动，所有这些自由和人性之枯死①的悲惨征兆，都应该被扑灭。目前的和世纪的事业都指向这里，这就是永恒之爱的伟大而永进的救赎工作。

273　　只以这样简略的轮廓，我在前面勾画出了宗教在自然和人性领域的一些直观。但在这里我还要把你们一直带到你们视野的最后边界上。对于这些视人性与宇宙等同的人而言，这里就是宗教的顶端（Ende）。我只能从这里出发把你们再次领回到个别的和更小的东西上。不只是相信，这同时是宗教的所谓限度。相反，宗教真正说来不能停留在这里，而要超出这一顶点之外去，看到另一面，达到无限才是合理的。如果人性本身是某种变动和可塑的东西，如果它不只是在个别人当中有异样的表现，而且在这里和那里都将是不同的，那你们不觉得，它本身不可能是宇宙吗？毋宁说，它只是同宇宙相关，如同个别的人与它相关一样。它只是宇宙的一个具体的形式，其要素的一个唯一样式的表达，必定存在着这样一些不同的形式，它通过这些不同的形式而划定边界，因此才被对立起来。在个别的人和这一个，一个在通往无限的道路上的一个宁静地盘之间，它只是一个中介成分，在人的内心必定还能找得到一种更高的性格作为他的人性，使得他和他的现象直接地同宇宙相连。所有的宗教都追求这样一种对外于和高于人性的某种东西的预感，以便能够抓住两者中共同性的和更高的东西。但这也是一个端点，在这里平庸的眼睛看不见它的轮廓，在这里它自身总是继续疏远个别的对象，在这些对象上它才能坚定它的道路，在这里对它之中的最高东西的追求多数都被视为愚蠢。

---

① 这里的原文是 Asphyxie。德文编者指该词等同于：Pulsstillstand。这里的意思是：Absterben（逐渐枯萎死亡）。

　　据称，对于你们如此无限地远离的东西有这点暗示也就足
够了，任何对它更多一点的言辞都是不可理喻的废话，你们不
会去理会，它究竟从哪里而来，还将向哪里而去。你们恐怕真
的只有你们能够拥有的宗教，你们恐怕真的也只能对你们实际
上已经拥有的宗教有点意识！因为事实上，如果你们哪怕只
看一眼我现在勾画出一丁点特征的少量宗教直观，那你们也将
发现，宗教与你们并非那么隔膜。某些诸如此类的直观诚然从
前就已经进入了你们的心灵，但我不知道，完全缺乏它或者不
去理解它，对你们而言究竟何者是更大的不幸。因为它也完全
错过了对心灵的影响，你们在这方面也是完全自欺。对所有想
要违抗整体的精神（这种精神到处都特别仇恨一切狂妄和傲
慢）进行的报复，以所有人类事物的持续进步为一目标，这样
一种进步是如此确实，使得我们甚至把整体上接近这一目标
的每一种个别的想法和规划，即便是在经历了无数次失败的
尝试之后，最终还是看到了一次成功（的希望），这些都是在
眼中活泼跳动着的直观，以至于与其要把它视为观察世界的
结果，不如说更是观察世界的动因。你们中的许多人是意识
到了这一点的，有些人也把它称之为宗教，但他们的意愿是，
这应该是接近于宗教的，因此他们想要排除一切不同的东西，
这些东西只不过是从心灵的同一种行为方式和完全以同一种
方式起源的而已。他们怎么能达到这种被撕裂开的断片呢？
我要告诉你们的是，他们根本不把这视为宗教，他们同样蔑
视宗教，毋宁说他们把这视为道德，只想在名称上区分开来，
以便于给予宗教本身——这个他们视之为宗教的东西——以致
命的一击。

　　如果他们不愿承认这一点，那你们问问他们，为什么要以
最奇怪的片面性只在伦理的领域来寻找这一切呢？对这样一

274

种党派性的偏爱，宗教全然不知。道德世界又不是宇宙，哪怕你们真的认为它是，你们也没有对宇宙的直观。在所有从属于人的行为的东西中，在游戏和认真中，在最细小的事情和最大的事情中，宗教都知道去发现和追随世界精神的行为。它应该觉察的，必定是它到处都能觉察的，因为只有通过这样的觉察它才能变成你们的东西，所以，宗教也正是在它所觉察到的东西中发现了一个神圣的娜美西斯，也正是通过这种觉察，才从宗教中发觉出它只不过是道德的一个无足轻重的附录，因为在你们心中起主导作用的只是伦理的和法律的东西，你们也只想以从道德中取得的东西来塑造自身，正因为如此，你们的道德，哪怕它常常也能在宗教上得到净化，（但）不可挽回地还是腐败了，播撒出新的错误的萌芽。这听起来是很美的：如果我们沉浸在道德的行为中，据称这是永恒存在者的意志，那并非由我们产生的东西，将随之成熟起来；但这也并非属于对伦理的高级安慰，宗教没有一点一滴能被混同在伦理中，而不仿佛引火烧身①并失去其纯洁性。

这种对宗教的完全无知在你们的情感中最清晰地表现出来了，而这种情感还在你们当中最广泛地传播着。宗教是多么内在地同直观相联系，是多么必然地从直观中流淌出来，并且只有从直观才能得到说明啊，尽管如此它还是完全被误解了。——如果世界精神庄严地启示给了我们，如果我们把它的行动设想得如此伟大，又窃听到了它的神圣法则，那么，内心充满了对永恒和不可见之物的畏惧，还有什么比这更加自然呢？如果我们直观到了宇宙，随之又回头看到了我们的自我，

---

① 原文为 phlogistisieren。德文编辑指出该字义等于：mit Brennstoff verbinden（与燃料相联系）。

在同它的比较中，自我消逝到无限渺小，那么，还有什么能比这真实而淳朴的谦卑更接近于可朽的东西呢？如果我们在对世界的直观中也关注到了我们的兄弟，而且这对我们是这么清晰，如同他们中的每一个在这种感觉中简直无区别地就是同一个人，那我们是什么？人性的一个真正表现，而没有每一个人的定在我们又如何必定缺乏对人性的直观？什么比所有这些直观——它本身与意念和精神力没有区别，包括内在的爱和倾心——更加自然？如果我们从直观与整体的联系回头来看它对我们生存活动（Ereignisse）的影响，来看看那些表现给我们的东西，就是从它们过去的存在和追求中拓展出来，割舍开来，而为我们遗留下来的，我们又如何可能摆脱得了同那些其行为与我们的生存密切交织，通过他们的危险我们才幸运地一帆风顺的人们具有的亲情，如何摆脱得了那种感恩之情？这种情感驱使我们尊敬他们，他们已经与整体血肉相连，他们就是在这个整体中意识到他们的生命的。

276

　　反之，如果我们观察那些对这种依赖性毫无所知的人的平常行为，他们在把握、在紧握，为的是给他们的自我构筑城堡，环以某些外围的防护带，从而他们可以按照自己的任意来主导他们自己的特殊定在，俗世的永恒潮流也丝毫扰乱不到他们，而随后，命运以必然的方式卷走了这一切，以成百上千种方式伤害与折磨着他们；那么，又有什么比对一切因力量悬殊而产生的痛苦和苦难，对可怕的复仇女神娜美西斯在各方面引发的冲突的真心同情，更加自然呢？如果我们认识到，究竟什么是在人性的进程中到处坚持和要求的东西，什么是不可避免地或早或晚必定被战胜和消灭的东西，如果它自身不加转化和不让变化的话，那我们从这种规律来看我们自己在世上的行为，那么有什么比我们内心中真切地懊悔所有与人性的天赋作

277

对的行为，比同神灵和好的谦卑的愿望，比改变最明显可见的要求并把我们及其从属于我们的一切救赎到那个唯一对死亡和毁灭是安全的神圣领地，更加自然呢？所有这些情感都是宗教，同样，所有别的情感，这个人在此情感中发现了宇宙，另一个人从心灵漂浮在其之间的这些情感点出发以某种方式发现了你们的真正自我（也都是宗教）。

诚然，古人必定是这样的：他们把所有这些情感称之为虔敬性，把它直接与宗教联系起来，宗教的最高贵部分对他们而言就是虔敬性。你们也了解它，但要是你们遇到了它，你们想说服自己，它是某种伦理的东西，要在道德中为这种感受指定它们的位置；但虔敬既不渴求道德，也不能忍受道德。道德不喜欢爱和倾心，而是喜欢活动，那完全发自内心而不是从观察外在对象而产生的活动，它除非在它的法则面前不知道敬畏，它诅咒不纯洁和自私，这是能够从同情与感激产生的东西，它是谦恭的，却又蔑视谦卑，当你们说懊悔时，它谈论的是失去的时间，那对你们无用却又增多的时间。你们也必须认同你们最内在的情感，它同所有这些感受一样不能忽视行动，它凭自身而至，亦凭自身之内作为你们最内在和最高的生命而终。因此不管你们刮什么风，请你们在这个它不适合的地方对它开恩。不过这也让你们称心地看出，它们都是宗教，这样你们也就没有什么需要要求于它的了，除你们自己严格的权利外，而你们也不要以强用它的名义提出无根无据的要求来欺骗自己为乐事。据称这就是如今在道德上或者通常你们发现类似情感的地方存在的情况。情感被扭曲错位了；你们要把它带回给宗教，这个宝物只属于它，而作为这个宝物的女主人（Besitzerin），相对于伦理和所有别的作为人的行为对象的东西而言，它不是女仆，却是不可缺少的女友，是它在人性上完全合适的女代言人和中介者。

　　这是宗教踏着的阶梯，特别是宗教中的自觉者，宗教的感　　278
觉。宗教仅仅给予人以普遍性，这我已经提到过，现在我可以
把这一点说得更明白些。所有的行为和作为，或者是伦理的，
或者是哲学的，或者是艺术的，人应该追求技艺精湛（Virtu-
osität），而一切精湛的技艺都是有限的，造成高处不胜寒，片
面和僵化。它首先只使人的心灵专注一个点，而这样一个点永
远都是某种有限的东西。人从一个有限的工作进展到另一个，
实际上能不能耗尽他整个无限的力量呢？不是相反有较大一
部分还没有使用，所以用来反对他自己，吞噬他自己吗？你
们这么多的人之所以走向衰败，就只是因为他们太自大了。有
多余的力量和精力，但就是一事无成，似乎真的是因为没有什
么适合去做的事情，把他们逼得团团转，不得安宁，这就是你
们的衰败。

　　大概你们也愿意再次遏制住这种灾祸吧？使那个太自大
的人，把人追求的那三个对象①统一起来，或者如果你们知道
得更多的话，这些也都应该统一。不过这倒似乎真的是你们古
老的欲望，人性拥有的到处都是从一再返本的一整块中来的，
但哪怕这只是可能的，哪怕不只是有那些对象，一旦它个别地
进入眼帘被把握到，那就以完全同样的方式追求激动和主宰
心灵！它们中的每一个都想完成作品，每一个都有其趋之若
鹜的理想和一个它欲达到的整体性，这种激烈竞争（Rivalität）
不能以别的方式收场，除非一个排除了另一个。所以人为什么
应该竭尽全力呢，它能让所有对其文明冲动（Bildunstrieb）的
中规中矩的和合乎艺术的使用成为多余？不是说，他还想标

---

　　①　指上文说的伦理、哲学和艺术。

279 新立异和积极地为某种立异（这一不同的有限者）而劳作，而是说，他没有让自身受到特定的无限者的刺激并通过任何一种宗教情感启示他对这种作用的反作用。对那些对象的作用，那些你们自由而合乎艺术的行动对象，你们也做了选择，只是它不大有这种感觉，为了从每一个对象中寻找宇宙，在这个宇宙中你们毕竟也发现了其余的东西，或者作为它的戒律，或者作为它的灵感或者作为它的启示，这样在整体上观看和观察它，不把它作为某种被分离的和在自身中被规定的东西，这是唯一能够占有它的方式，也就像你们在一个已经被选择好的心灵指向上能够占有这个心外之物那样，不再是出于任意把它视为艺术，而是出于对宇宙的本能视为宗教。

由于它们在宗教的形式上也激烈竞争，所以宗教也经常个别地表现为自然之诗（Naturpoesie），自然哲学或者自然道德，作为在自然的整体形相中完成的和统一一切的东西。人就是这样立身于有限的东西一边，他的意志却驱使他朝向一个无限的东西，使这个聚合性的对某种特定的和完成了东西的追求，向无规定的和永不枯竭的东西那一边拓展和飘移。这样，他就为他多余的力量找到了一条无限的出路，再次为他如果不同时拥有宗教而委身于一个领导，最终就将不可挽回地失去的本质，创造出均衡与和谐。一个人的精湛技艺仿佛是他生命的旋律，如果不为它附上宗教，它就一直只是个别的音符。宗教伴随着的那个以所有的音符多姿多彩而又无穷变幻的旋律，只要你们不完全反对的话，就将把单调的生活之歌转化为情绪饱满、铿锵华丽的和谐。

如果这个我希望完全足以让你们理解而作出的指点，真正地构成了宗教的本质，那么，通常为宗教的内容而颁发出来的

280 那些宗教教条（Dogmen）和教理（Lehrsätze）究竟归于何处

这个问题，就不难回答了。有一些只是宗教直观的抽象的表述，另一些则是对宗教感的本务所作的自由反思，是把宗教的观点和平庸的观点进行比较的一种结果。一种对行动的本质加以反思的内容再次被反思，这是一个如此习以为常的错误，所以你们在这里遇到它诚然也无需感到惊讶。奇迹、灵感，启示，超自然的感觉，人们可能有许多宗教，而不会碰到这些概念中的任何一个；但谁对他的宗教在比较中进行反思，他就不可避免地会发现它们并不可能绕过它们。在这种意义上，诚然所有这些概念都属于宗教的范围，甚至这是无条件的，无需对其运用的范围作什么规定。什么事情才真正是一种奇迹，其特征究竟在哪里，到底存有多少启示，在什么程度上和为什么人们真正地需要相信它，这种争论和明显地将其否定并丢到一边去的企图——许多只手不过是出于礼貌和碍于情面（才没有这样做）——很愚蠢地以为这样做是有益于哲学和理性的，这是形而上学家和道德家们在宗教上的一种幼稚作风。他们把所有的观点都弄得混乱不堪，让人们对宗教大惊小怪，好像它真的伤害了科学和物理学判断的完整性。我请求你们不要被他们智巧的论争所迷惑，他们根本就是把他们太想知道，太乐意弄明白的东西，假惺惺地隐藏起来，变成宗教的缺点。宗教也要大声地向你们索还所有那些被诋毁的概念，让你们也不要伤害你们的物理学，天哪，也包括你们的心理学。

　　究竟什么是一个奇迹？那请告诉我，它究竟说的是什么语言呢，毕竟它并不是一个记号，并不是一种暗示，当然，它的语言绝非我们的语言，我们的语言是在所有的宗教都衰落以后才出现的？那就这样说吧，所有那些表述不是别的，无非都是现象与无限的东西，与宇宙的直接联系；但这不就排除了，它与有限的东西和与自然有同样直接的联系吗？奇

281

迹只是关于所出现的事情的宗教名称，每一个被给予的事情，
也包括最为自然的和最通常的，一旦它们适合于能让关于这
个事情的宗教观点成为主宰，就是一个奇迹。在我看来，一
切都是奇迹。而在你们的感觉中我觉得，只有某种不可说明
的和不熟悉的，但这种东西在我的感觉里则根本不是奇迹。
你们的宗教感越强，那你们到处看到的奇迹就越多。到处关于
个别事件的争论，每一次都是争论它们究竟是否够得上是奇
迹，给予我的只是痛苦的印象，这些争论者的宗教感是何其贫
乏和淡薄啊！这些人是通过他们到处都抗议奇迹来证明，而
另一些人则是通过一件事情在这方面和那方面奇特地降临到他
们头上了，和一个现象必须是奇妙地形成的，才能是他们眼中
的一个奇迹。

　　什么叫做启示？每种原本的和全新的对宇宙的直观就是
一种启示。不过每个人最好要知道，对他而言究竟什么是原本
的和新的，如果某种东西在他心中曾是原本的，对你们也还是
新的，那么，他的启示对你们也还是一种启示，我想奉劝你
们，还是要好好斟酌一下。

　　什么叫做灵感？这只是给予自由的宗教名称。每种变成
宗教行动的自由行为，每种宗教直观的再次灵现，一种宗教情
感每次实际地倾情表达，甚至也包括把对宇宙的直观转向另一
面，这都是以灵感发生的。因为它是把宇宙的一种行动通过一
个人传达给另一个人。对宗教事件的另一半的每个预感（Anti-
zipieren），如果这一事件已被给予的话，都是一种预告，对于
古代希伯来人而言这是非常具有宗教性的，一个先知的神圣性
282　不是根据预告究竟有多难，而是完全单纯地按照（预告的）出
路（Ausgang）来衡量的；因为早先人们不能知道，一个人是
否以宗教来自我理解，一直要等到人们看出，宗教对刺激他的

这个特定事物的看法，他是否恰好也正确地把握到了。

什么是恩典作用（Gnadenwirkungen）呢？一切宗教情感都是超自然的，因为只有在直接经受宇宙的作用这个条件下，它们才是宗教的，至于在某人的心中超自然的情感是否是宗教的，他必定能够作出最好的判断。所有这些概念，如果宗教也应该有些概念的话，就是第一位的和最具本质性的；它们以最本色的方式描绘一个人对他（所信的）宗教的意识。它们之所以越来越重要，是因为它们不仅描绘了某物一般地在宗教中能是什么，而且恰恰也描绘了它在宗教中一般地应该是什么。是呀，谁看到他观察世界的立足点而没有真正地惊奇，一旦他的心灵渴望洞见出世界的美并被它的精神所浸透，在谁的内心中没有升起真正的启示，那他就没有宗教；谁没有在这里和那里以最生动的信念，感觉到有一种神圣的精神驱使着他，并使他从神圣的灵感来说话和行动，那他就没有宗教；谁没有至少——因为这事实上是最小程度——意识到他的情感是宇宙直接对他的作用，并且明白其中有某些独特的东西是不能被模仿的，而是毋庸置疑地纯粹从他内心最深处发源的，他就没有宗教。信仰人们通常所说的东西，接受别人所做的事情，想反思和重新体验别人的所思所感，这是一种生硬的和有失体面的工作，而非宗教中最高的东西。就像有人以为的那样，每一个想要挤入宗教圣殿的人，恰恰必须摒弃这种工作。想要拥有和坚持这种工作，则证明，他没有宗教能力。如果有人要求别人从事这种工作，则表明他不懂宗教。

你们到处都想踏着自己的步履，走你们自己的道路，但这种受尊重的意志并没有把你们从宗教那里吓跑。宗教既不是奴役，也不是监禁，在宗教这里你们也应该属于你们自己，这甚至是你们能够参与到宗教中去的唯一条件。每个人，除了少数

283

被拣选出来人之外，诚然都需要一个中介者，一个向导，来把他的宗教感从最初的朦胧中唤醒，给他指明第一方向，但这应该只是一个短暂的状况。然后每个人都应该用自己的眼睛来看，要为发掘出宗教的宝藏作出自己的贡献，否则，他在宗教王国中就不能谋取一席之地，也不会获得一席之地。你们蔑视浅薄的鹦鹉学舌者是合理的，他们完全是从别人那里推导出他们的宗教，或者把他们的宗教吊死在一篇僵死的经文上，对着它发誓，从它来证明。每部《圣经》都只是宗教的一座陵墓，一座纪念碑，一个伟大的灵魂曾经在此，但现在不再在此了。因为只要它还活着，还在起作用，那为何还要那么重视僵死的文字呢？这种文字不就只是它的一种模糊不清的印痕吗？不是信仰一部《圣经》的人有宗教，而是那个无需《圣经》，但自己能够创造一部《圣经》的人有宗教。你们蔑视的恰恰就是贫乏而无力的宗教敬重者，宗教在他们当中由于缺乏营养在诞生之前就已经死去了，恰恰是这种蔑视你们向我证明，在你们自身中是有通向宗教的天赋的，你们大家总是表示出对真正的英雄的敬重，就像你们也非常反对误解宗教并通过偶像崇拜而使宗教蒙羞的方式一样，向我证实了我对你们的看法。我已经向你们指明了，真正的宗教是什么，你们在其中有没有发现某种对于你们和最高的人类教养有失体面的东西呢？你们不也在渴求灵性自然的永恒规律，当你们越来越害怕渴求宇宙和追

284 求一种被自我作用的与宇宙的统一时，你们不是越多地被宇宙中最有规定的教养和个体性所分离和孤立吗？你们不是经常地感觉到这种神圣的渴求是某种无知的东西吗？不过，我对你们发誓，你们将意识到你们最内在本性的呼声并跟随它。抛开对一个时代的虚假的害臊吧，这个时代并不规定你们，而是应该被你们所规定和造成！返回到与你们，恰恰是与你们如

此靠近的东西，不过，要是与这个东西强暴地分离，那就非要摧毁你们生存中最美丽的花朵不可。

但我觉得，你们中的许多人似乎并不相信，我目前在此所讲的东西能有一个定论，尽管如此你们的意见似乎是，宗教的本质根本就是不可能刨根问底地来讲的，对于不朽和上帝最好是什么也别说。不过我请你们回忆一下，我从一开始就相反地阐明过的，这不是宗教的关键和要领；请你们回想一下，当我描绘宗教的轮廓时，我也暗示了一条能找到神灵的路；那你们还丢掉了什么呢？为什么我比别人更多地强调宗教是一种直观方式呢？你们想不到，我是担心，用一个波澜不惊的（ordentlich）言辞来述说神灵，因为在我们持续定义上帝和上帝存在的权利和法庭被带向光明之前，在德意志王国能够认可这种权利和法庭之前，说这些肯定是会有危险的。[①] 或者在另一方面你们也不相信，我是在玩善意地欺骗并为了对什么样的人做什么样的人[②] 就想以虚假的冷淡，来贬低那些非同寻常的、必定对我具有比我愿意承认的具有更大重要性的事情。所以我愿你们在我的讲话这里还停留片刻，我试图向你们说清楚，对我而言，神灵不可能是别的，无非就是作为一种个别的宗教的直观方式，其余的不依赖于这种直观方式的东西，

---

① 　这里实际上是影射当时所谓的无神论争论（Atheismusstreit），这个争论导致 1799 年 3 月费希特被解除耶拿大学（Universität von Jena）教授职务并离开了耶拿。争论的核心是有人控告费希特，说他的基于康德道德神学立场的宗教观是斯宾诺莎主义的泛神论，而泛神论被认为就是无神论。有意思的是，费希特自己因这场争论蒙受了不白之冤，并失去了教职，但当施莱尔马赫这部《论宗教》出版后，他也指责施莱尔马赫本书中的宗教观是"混乱的斯宾诺莎主义"。

② 　参见《哥林多前书》第 9 章第 22 节："向软弱的人，我就做软弱的人，这样或许我就赢得了这个软弱的人。向什么样的人，我就做什么样的人。无论如何总要救些人。"——德文编注

285　就像不依赖于任何其他东西一样，在我的立场上，根据我让你们知道的"无上帝，无宗教"的信仰概念，根本就不可能存在。关于不朽性（Unsterblichkeit）我也愿意跟你们直言不讳地说出我的看法。

不过首先请你们告诉我，神灵不朽指的是什么，你们想用它来指什么？不过由于那种有合法效力的定义还不存在，很显然，关于这个概念存在着最大的差异性。最大多数人的看法明显地是，上帝无非就是作为人性的守护神（Genius）。人是其上帝的原型，人性对他们就是一切。人性根据它所认为的何者是它的事件（Ereignisse）、何者是它的向导（Führungen），规定了它对上帝的信念（Gesinnungen）和它的上帝的本质。但我在这方面已经跟你们说得足够清楚了，人性不是我的一切，我的宗教追求的是一个宇宙，人性及其你们所属于的一切，都只是一个无限小的部分，都是一个个别的短暂形式：所以要是上帝只能是人性的守护神，这样的上帝怎能是我的宗教中的最高的东西呢？有些人的心灵是诗性的，我承认，我也相信，这是较高的心灵层次，他们的上帝是一个与人性完全不同的个体，一个独特类族的唯一样本，而且当这些类族为我指出了一些启示，它通过这些启示认识了这样一个上帝——一个或多个，我不蔑视宗教中的任何东西，但除数字之外——那么他对我而言就是一个满意的发现，确实，从我内心的这个启示中将有更多的东西被发现；但我还追求人性之外和之上的更多的类族，每个类族及其个体都是从属于宇宙的：那么上帝在这种意义上对我而言能够是某种有别于个别的直观的东西吗？不过这只能是关于上帝的不完整的概念，让我们同时达到上帝

286　的最高概念，达到由一最高存在者，由一种具有自由和理智的宇宙精神主宰的概念吧，不过宗教的理念还是不取决于这个概

念。有宗教就叫做直观宇宙，你们宗教的价值就是以你们直观宇宙的方式，以你们在宇宙的行动中发现宇宙的原则为基础的。如果现在你们不能否认，关于上帝的理念要顺从于每一种对宇宙的直观的话，那么你们也就不得不承认，一种无上帝的宗教可能比另一种有上帝的宗教更好。

宇宙以它的行动向这样一个粗野的人——他只有关于整体和无限的一种混乱的观念，只有一种模糊的直觉——表明自身是统一的，在此统一性中没有任何杂多的东西能被区分开来，是一律都在混乱中的一种混沌，没有部门，秩序和规律，从中不可能分离出任何个别的东西，除非当它被任意地切割成时间和空间。没有催逼它赋予灵魂，盲目的命运为它体现出了整体的性格；当催逼它赋予灵魂时，它的神就将变成一个没有特定性质的存在者，一个偶像，一个崇拜物；而当神被假定为许多个时，他们就无从区分，除非根据任意设定的诸神领域的界限来区分。在教养的另一个阶梯上，宇宙表现为一种没有统一性的多样性，表现为一些异质因素和力量的一种不确定的杂合物，它们持续和永恒的争斗规定它们的现象。规定宇宙性格的东西，不是一种盲目的命运，而是一种情绪化（motivierte）的必然性，其中的任务是，探究根据和关系，（但）有意识地探究绝不可能发现它。变成这样的宇宙带来了一个上帝的理念，所以它自然地分裂为无限多的部分中，这些并不统一的力量和元素中的每一个都被特别地赋予了灵魂，诸神在无限多的数目中形成了，可以根据他们活动的不同对象，根据不同的禀性和意念来区别他们。你们必须承认，对宇宙的这种直观比前一种无可比拟地有价值，你们不也将必须承认，那些将自身径直提升到了这种宇宙直观高度的人，虽然没有诸神的理念，但对永恒而不可达到的必然性顶礼膜拜，尽管如此依然比那个粗

287

野的物神偶像崇拜者更有宗教性吗？现在让我们提升得更高，提高到一切有争论的东西再次统一了，宇宙作为总体性，作为多样性中的统一性，作为系统而表现自身，只有如此才配得其名的地方上来。这个把宇宙如此直观为一和一切的人，尽管也没有一个上帝的理念，但不应该比那个最有教养的多神论者（Polytheist）更有宗教性吗？难道斯宾诺莎不比一个虔敬的罗马人站得高得多？同样，卢克莱修（Lukrez）难道不比一个偶像崇拜者高明得多吗？[①] 但是，那些与他们站在同一个级别上，只是对宇宙具有不同观点的人，都把他们丢弃到最遥远的天边，这是古老的混乱，这是无教养的黑暗标记！哪一种宇宙直观适合于自己，取决于一个人对宇宙的感觉，这是他的宗教性的真正尺度。

至于对应于他的直观，他是否有一个上帝，这取决于他的幻想（Phantasie）的方向。在宗教中宇宙被直观到，它被设定为从本原对人行动的东西，如果你们的幻想取决于你们的自由意识，以至于前者不能超越后者，那么这个应该将你们的幻想设想为从本原上产生作用的自由意识，与一个在自由的存在者的形式中设想的东西是不同的。这样一来，你们的幻想将把宇宙的精神人格化，你们就将有一个上帝。如果幻想取决于知性，使得宇宙永远明晰地出现在你们的眼前，自由只在个别的东西中和对个别的东西才有感觉，那么这样一来，你们就只有世界而没有上帝。信仰上帝，取决于幻想的方向，我希望你们不要把这一点看作是亵渎。你们将明白，幻想是人心中最高级和最本原的东西，在它之外的一切都只是对它的反思。你们将

288

---

① 正是这里的一些论述，施莱尔马赫被当时文化界的一些人士，既有宗教领域的官员，也有浪漫派的朋友，也包括后来柏林大学（Universität von Berlin）的同事指责为斯宾诺莎式的泛神论。

明白，你们的幻想就是为你们创造世界的东西，没有世界，你们就不可能有上帝。上帝也因此不对任何人显得是不确定的，尽管如此还是有人从那个几乎是不可更改的必然性来接受他，以便越来越好摆脱他，因为他知道，这种必然性是从哪里来到他这里的。

所以，在宗教中上帝的理念并不像你们以为的那样高，在真正的宗教性情者当中，对于上帝存在也从未出现过狂热者（Eiferer），躁动者（Enthusiasten）或迷狂者（Schwärmer）。他们极其冷静地看待自己身边的那些被称之为无神论的人，而且他们认为，始终都存在着比无神论更加反宗教的东西。上帝在宗教中也无非只是作为行动者出现而已，而宇宙的神圣生命和行动还是无人能加以否认，用这个实存着的和发布命令的上帝，宗教什么也干不了，就像你们也丝毫不能让物理学家和道德学家虔敬上帝一样，这正是他们可悲的误解，并将永远是他们可悲的误解。宗教的行动着的上帝也并不能确保我们的至福（Glückseligkeit），因为一个自由存在者对另一个自由存在者，除非只通过痛苦或快乐看透他是不是与自己一样，不可能设想有不同的作用。上帝也不能激发我们的德行，因为他无非被看做是行动者，但既不能为我们的德行所打动，也不能设想对我们的德行采取行动。

但就不朽性而言，我不能隐瞒，大多数人对待它和渴求它的方式，完全是反宗教的，简直是与宗教的精神对立的，他们的愿望除了厌恶宗教的真正目标外，没有别的根据。你们想想看，宗教中所追求一切，是多么恳切地把我们人格性的轮廓加以扩展，逐渐地浸没于无限的东西中，我们通过直观宇宙也就是要尽可能多地与宇宙融为一体。但他们拒绝无限的东西，他们所意愿的无非就是他们自己以及他们忧心忡忡地操心的他们

289

的个体性，除此之外的任何东西他们都不愿意。你们回想一下，宗教的最高目标曾经如何就是在人性之上和人性的彼岸去发现宇宙，而他们唯一的抱怨就是，以这样的目标简直就别想在此世取得成功了。但那些人没有哪一次想抓住直接呈现给他们的唯一机会来超越人性。他们惊恐不安的是，他们将如何把人性带到此世的彼岸，最高地追求远大的眼光和更好的手足。但宇宙对他们说，正如经书所写："凡因我和福音之故而失去其生命的，必保住生命，凡想保住自己生命的，必失掉生命。"①他们想要保住的生命，是一个可悲的生命，因为如果他们关切的是他们人格的永恒性，那为什么他们不像担忧他们来世的生活那样，对他们前世的生命表示一点忧心和焦虑呢？如果他们不能退一步，又有什么能帮助他们进一步呢？他们追求的不朽，是现在不存在、他们也主宰不了的东西，他们丢失的，是他们能够拥有的东西，所以，对这个有死的生命，他们带着枉然的想法，感受到害怕和折磨。出于对宇宙的爱，你们还是尝试放弃你们的生活吧。你们的个体性在这里已经毁掉了，你们还是追求在恒一和万有中生活吧。如果你们失去了自我，你们去追求那个比你们自己更多一点的东西吧，这样你们就少失去一点。如果你们能与宇宙——尽管你们在此只能从中发现那么多——相互交感，一个更为伟大和神圣的渴求就在你们心中产生了，那么我们就愿意进一步谈论死亡给予我们的希望，谈论我们通过死亡不可错过地攀升达到的无限性。

这就是我对于这些对象的见解了。上帝在宗教中不是一

---

① 参见《马可福音》第8章第35节。这里的"我"是耶稣基督。接下来的一句福音"人就是赚得全世界，赔上自己的性命，又有什么益处呢？"对理解这里的意思也很有帮助。

切，而是一，宇宙是多。你们能够信仰他，不是任意的，或者　290
由于你们想要从他那里得到安慰和帮助，而是由于你们必须。
不朽性不可成为愿望，如果愿望不曾是你们首先已经解决了的
一个课题的话。在有限性中间同无限的东西合一，在瞬间成永
恒，这就是宗教的不朽性。

第三讲　论宗教的培育[①]

　　我本人愿意担保，深深地根植于宗教性格中的东西，就是要努力使不信教者变成改信者（Proselyten），然而，不是这种原因驱使我，现在也要向你们讲一讲关于人的这种崇高宗教素质的教化，以及关于这种教化的条件。宗教明白，要达到那个终极目的，除非只有它自由地表现和传播宗教这一手段之外，没有别的办法。

---

　　① 这里的原文是 Bildung zur Religionen，Bildung 一般汉译为"教养"、"教育"、"成型"，但由于作者在这一讲中着重批评的是启蒙时代的教育观念，认为以科学和理智为目的的教育，使人的感性丧失，丰富的人性被抽象干瘪成为道德说教的素材，哲学反思的枯燥概念，使温情脉脉的社会生活变成了功利算计的冷冰冰的交易场。这些都给予了宗教致命的打击，所以，他在这里不是讨论一般的宗教教养或宗教教育问题，而是讨论我们如何从自身的内在直观和情感来培养宗教的问题。他甚至说，除了宇宙，谁也不能教导我们宗教，我们所能做的，只是把每个人天生具有的宗教素质，通过直观和情感这两个宗教的源泉，在我们的内心加以呵护、栽培和培育。因此，在这里译者不把 Bildung 翻译为"教养"、"教育"和"教化"，而是翻译为"培育"。这样翻译似乎比英译的 self-formation for religion 和 cultivation of religion 更为贴切一些。

当宗教以其自身的全部力量运动时，当它把其固有的全部情感能力完全吸引到这个运动的洪流中为之服务时，其实也就是在期待一直浸透到每一个在宗教灵气中呼吸的个体的最内在心灵，每一微小的部分都要抚摸到。同是由于这激动，获得了对自己的此在的意识，传达者的期待之耳欣喜地听到了亲切应答的回声。只有这样通过自身生命的自然的表现，宗教才能激发出类似的生命，凡在如此不成功之处，它都岸然鄙夷每一种新奇的诱惑，每一种粗暴的方式，而镇静地坚信，那种与它亲如兄弟姐妹的气息互动的时机尚不成熟。

对我而言，这条不成功的出路并不新奇。不知多少次，为了打动眼前的人，我弹奏了我的宗教音乐，从轻轻地拨动单个的音符开始，继而带着年轻人的激烈充满渴望地加剧，一直达到宗教情感的最完满和音：但听者全无感动，全无反应！我所信赖的一个更大也更灵活的圈子，带着他们应该好好表演的一切装备，最终也是这样的结果，那些悲惨地反馈给我，说对这些话语根本不理解，甚至哪怕只是被其意图最轻微地唤起一点点模糊的感觉也没有的人，究竟还有多少啊？我和所有的宗教宣传者还将多么经常地要复演这个从一开始就注定给我们的命运呀！尽管如此，我们绝不为此苦恼，因为我们知道，我们必定会遇到这样的命运。我们绝不试图用随便一种别的方法，既不对这一代人也不对未来的世代用别的方法，来推行我们的宗教。由于我本人不少时候对自身那属于人性整体的东西怅然若失；由于如此之多的人对奇迹缺失得太多而感到遗憾，也只是由于奇迹的数量太多，才被宗教所拒绝。

但宗教必定是必然伟大的，否则我们如何能达到对它本身的直观，如何直观宗教在一切方面为人的其余素质所划定的界限呢？我们从哪里能知道，没有宗教人带着这种限制在这里和那里能行多远，这些限制在哪里阻碍它，在哪里推动他？我们又从哪里能揣摩得到，宗教是如何在他内心起作用的？如果他对此也不知道的话。在这个普遍迷惑、混乱和翻天覆地的时代中，宗教蕴藏的火花在许多人的心中不能燎燃，这是特别符合事物本性的。无论我们多么爱惜，多么耐心地护理，但还是不能起死回生，因为即便在幸运的情况下，打通了一切障碍，宗教的火花还是不能进入许多人的内心。在这里，一切人事无一是不可动摇的，每个人恰恰就是在这里规定了他在世上的地位，被牢牢地束缚在事物的世俗秩序中，把在每个瞬间看到的视为在概念中看到的，（最终）这些东西不仅瞬即离他而去，自身被别的东西所掌控，而且毁灭在普遍的漩涡中。在这里，一些人不惜倾其全力，还向各方呼救，以便匡扶他们眼中世界和社会、艺术和科学的柱石，这根因一个不可把握的命运，如同从其自身最内在的根基中竖起的柱石，还是让长期以来围绕它打转的东西给倒塌了。在这里，另一些人也正是以惶恐的热情，忙于把坍塌了的世纪的废墟清除出这条道路，好让自己成为人中第一，移居到那肥沃的土地上，这是一块从恐怖的火山迅速冷却的熔岩中形成的土地。在这里，每个人即便没有离开他的位置，也还是被整体的剧烈动荡如此强劲地动摇，以致在普遍的眩晕恍惚中，不得不乐于将眼睛盯住随便一个个别的对象就满足，以便能够把持着它并逐渐能确信，毕竟还是有某个东西立于不倒之地的。

293

在这样一种状态下，倘若期待许多人能够机灵地感受到无限的东西，那岂不是愚笨！但是，要是有谁能够逃脱于庸常的渴望和压力，那他的目光还是比平常庄严和崇高了很多，也能在瞬间比在几个世纪中窃听到更多有价值的信息！可谁能逃脱一种褊狭利益的强权，谁又有足够的静谧和镇定，以求屹然挺立和静观呢？但也是要在最幸运的时代，也是要以最善良的意志，才把宗教的素质，不仅是在这里现存的宗教，通过传播，激发出来，而且也要将它嫁接和培植在它能够通往的每一条道路上，但在哪里存在这样一条道路呢？通过艺术和陌生的活动在人的心中所能被激起的，不外乎只是借助于你们的种种表象（Vorstellungen）传达给人的东西，并使人变成了你们理念的一本画报（Magazin），以至于你们如此宽泛地把人的种种表象汇编成他的形象，好让他在适当的时候回忆起他的样子来，但这绝不能起到让他把你们所设想的人的理念从自身中产生出来的效果。

你们看到了这种已经不能从言辞中去除的矛盾。你们不止一次地让某人习惯于一种他常常遇到的特定印象，又让他遵循一种特定的反作用，但你们很少能够把他带到超越这种联系的境地，在这里自由地产生一种内在的活动。总之，你们能够作用于精神的机制，但你们不能任意地钻进精神的机体，这个宇宙的神圣工场中，因为你们你们不能随意地改变、推迟、切除或者补充任何东西，而只能遏制它的发展，或者强行对这株植物的一个部分断章取义。但是，所有属于人的真正生命的东西必定都是从其机体的最内在核心里产生出来的，在人的里面当有一种永远生机勃发、积极有效的动力。宗教就是属于这样的。

在它居住的心灵中，宗教永不停歇地发挥作用，活灵活现地把一切都变成它的对象，把每种思想和每种行动都变成其天国想象的一个主题。如同它的一切东西，在人的灵性中应该是一个连续体，远远地处在说教（Lehre）和教育（Anbilden）的领域之外。所以，对于每一个这样来看待宗教的人来说，宗教的课堂上都是索然无趣和空洞乏味的言辞。我们当然可以把我们的看法和教理传授给别人，我们所需要的只是言辞，而他们所需要的只是精神方面的理解力和模仿力。但我们当然也非常明白，言辞只是我们的直观和我们的情感的阴影。要是不与我们分享直观和情感，他们就将不理解他们都说了些什么，不理解他们自以为已思考了的东西。我们不可能教他们直观，我们也不可能把我们无论置身于怎样的对象面前，都能把宇宙的原始之光吸收到我们的感官里面的力量和能力直接送给他们。也许，我们可以激发出他们在想象力方面的模仿天赋，使得他们轻松地做到：当宗教的直观给他们涂上了强烈的色彩时，他们可以在自己的里面产生出一些与他们所看到的我们身上所拥有的大致相同的激动，而要是这个东西渗透在他们的本质里面，这就是宗教吗？　　295

　　如果你们要把对宇宙的感觉比喻成对艺术的感觉，那么你们肯定就并不认为被动的宗教性的拥有者们（要是还愿意这样来称呼的话），与那些虽然并不亲自生产艺术品，却会被直观到的每一件艺术品所触动和震撼的人是对立的；因为从来并且到处都在展览着属于宗教的艺术品；整个世界就是宗教景观的画廊，而每个人无一不是徜徉在其中间，而你们则必须要将其比喻成这样的艺术品，它们始终都不能带来感觉，直到有人把艺术作品评论和想象为灵丹妙药给你们端上来，甚至所使用的是一种理解得很糟糕的艺术语言，所想学着说的都是一些并不切合艺术品本身的不着边际的胡言乱语。这就是所有教学和刻意地在宗教和艺术这些事物中进行教育的目标。

　　有人指给我看，你们为他培育和灌输了判断力、观察精神、艺术感和道德感，然后我就该自告奋勇地也去教授宗教。当然，在宗教中有精通的师傅（Meistertum），有年轻的门徒（Jüngerschaft），有个别的千万人都想追随他的人，但这种追随不是盲目的模仿，况且，门徒不是因为你们师傅为了教育他们而造就的，相反，是因为他们为了宗教选择了师傅，你们才是师傅。谁通过讲述他自身的宗教而激发出别人心中的宗教，就不再有权力操纵这种宗教，使之把持在自身：别人的宗教也是自由的，一旦宗教活了，就走它自己的路。神圣的火花一旦在某人的心中点燃，立刻就会蔓延成为一个任意飞窜的熊熊火焰，从它自身的灵气中汲取它的养料。或多或少，宗教为心灵照亮了宇宙的全周（den ganzen Umfang），它也能按照自己的296 意愿，从它第一次注视到自身的这一点出发把自身向远方开拓。只有被自身无能和有限的感觉所急迫，它才安顿在某个特定的地域，所以未必不感激最初的向导，它选择了那一方最适宜它的水土，在那里找到一个中心，通过自由的自我限制运行在其新的轨道上，并称那个首先把这种宗教定居在这个它所爱恋的风水宝地（Lieblingsgegend），又表现出它的辉煌荣耀者为师傅，它的门徒则经由门徒们自己的选择和自由的爱。

所以并非如此，好像我想要教育你们或其他人回到宗教似的，或者教导你们，好像你们必须刻意地或人为地把自己朝向宗教这一目标塑造似的。我不想走出我为之工作的这个宗教领域，而且还要与你们一起在这个领地之内逗留更长的时间。宇宙本身自我塑造它的观察者和赞叹者，我们只想直观到这事是如何发生的，只要这是可以被直观的。你们知道，就像人性的每个具体的要素表现在一个个体身上一样，这种方式也取决于，它如何被其余的要素所限制或者解放；只有通过这种普遍的竞争，每一个才在每一个中达到一种特定的形态和规模，而这种特定的形态和规模又重新只有通过个别东西的共同体，通过整体的运动才能维持。所以，每个人和每个东西在每种事物中都是宇宙的作品，只有这样宗教才能观察人们。我就是想要把你们带回到我们特定的存在的这个根据中和我们同时代的人们的宗教局限性中。我想让你们搞清楚，为什么我们这样存在而不是以别的样子存在，如果现在在这方面的局限应该被扩大的话，什么是不得不发生的。我多想，你们能够意识到，通过你们的存在和作用，你们如何同时也是宇宙的工具，你们完全针对别的事物的行动如何对宗教及其相随的状态有影响啊。

　　人天生具有宗教的素质，就如同天生具有别的素质一样，只要他的感觉不被强烈地压抑，只要他和宇宙之间交感互通的每一条管道不被破裂和赌塞——这可被承认是宗教的两个元素——那么，宗教的素质必定也会在每个人的心中不可或缺地以其特有的方式发展。但可惜在我们的时代，在如此丰富的程度上还要从咿呀学步的童年开始。我每天都痛苦地看到，狂热的理智如何根本不让这种感觉有所成长，一切如何整齐划一地把人捆绑在有限的东西及其一个琐细的点上，因此使无限的东西尽可能从其眼中消失得无影无踪。 297

　　是谁阻碍了宗教的兴旺呢？不是怀疑者和讥笑者，尽管这些人也乐于传播这种不信宗教的意愿，但他们干扰了那想滋生出宗教的自然本性；也不是不道德的人，像有人认为的那样，这些人的追求和作用是要反对一种与宗教完全不同的势力；而是理智的和实际的人，这些人在现今的世界状况下才是宗教的敌对势力，他们的巨大优势，是他们为何要扮演这样一种可怜的无意义的角色的原因。他们虐待人从其稚嫩的儿童时代就开始，压抑他对更高东西的追求。我能够以巨大的诚意凝神灌注青年人渴慕神奇之物和超自然东西的心情，他们已经能够同时以有限的东西和特定的事物来寻求某种与它对立的不同东西；他们在一切方面都在探寻，是不是有某种东西伸展到了感性现象及其规律之上；而且，不管他们的感官也是多么平常地被世俗对象所填满，但总还是觉得，它们似乎是这些世俗东西之外的不同东西，在世俗东西之外也不会失去养料似的。

298 这就是宗教的首次萌动。一种神秘而不可理喻的模糊感觉驱使他们超越这个世界的财富。因此，每个属于另一世界的踪迹都是受他们欢迎的；所以，他们以诗歌赞美超世俗的东西，以及一切他们最清楚地明白不可能存在于世的东西，他们以令人嫉妒的爱去拥抱之，这种爱我们明显地是有权利把它献给一个我们却不能使之有用的对象的。但是，说无限的东西恰恰要在有限的东西之外，在这个被它树立起来对立面之外去寻求，这是一种迷妄；但这种迷妄在那些还不了解有限东西本身的人那里，不是最最自然的事吗？这不也是全体人民和整个智慧学派的迷妄吗？假如在关怀成长着的人们的人当中有宗教栽培者（Pfleger），那么这种自然产生的谬误是多么轻易地能被纠正啊，而且年轻的心灵是多么渴望在一个更加明朗的时代让他眼前的所有东西留下无限的印象啊！

从前，就有人静穆地让这种无限的印象支配着他，欣赏荒诞不经的形象，并认为，青年的幻想在宗教中如其在艺术中一样都是必不可少的。人们满足于丰富多姿的无限印象，甚至完全无忧无虑地把严肃而神圣的神话，这个人们本来就视之为宗教的东西，直接同儿童们的快乐游戏联系起来：神、救主和天使都只是仙女（Feen）和女妖精（Sylphen）们的另一种形象。不过，通过早期诗作为形而上学对于宗教的篡位奠定了充分的基础，但人们更多地还是听之任之，这样更容易找到一个耿直而又未被腐化的心灵，有意识地把自身从理智和争吵的枷锁中解放出来，在此后的岁月里就为走出这个迷宫（Labrinth）寻找出路。

现在则相反，这种倾向从一开始就横遭压制，一切超自然的和神奇的事物都被扼杀，幻想不该以空悬的形象来填充，甚

至在此时人们恰恰可以带进那么多轻佻的事情来作生活的备
用。这样一来，多么渴求一点新奇之物的贫瘠的心灵，全然只 299
有带着道德的教条无聊至极，去学习如何为美，如何功利，变
得纯然老成持重，精明理智。这种心灵从平常的事物中获得概
念，而不考虑它究竟缺少什么，但人们还总是把它已经拥有的
太多的东西强塞给它。为了针对其他能力的狂妄僭越而保障有
一点点这种无限的感觉，每个人也都需要培植一种特有的冲
动，好让其他的一切活动偶尔也安静片刻，而且只有让所有的
器官都开放，才便于自身被一切印象所浸润。只有通过一种神
秘的、最善意的同情交感，普遍的生命最清晰地启示在自己的
胸膛和在周围世界中，这种冲动才最为强大激烈。但是要是让
这种冲动停顿下来，享受舒适无为的宁静，这简直不会得到允
许，因为从市民生活的立场看，就是懒惰和闲荡。所有事情都
必须有意图和目的，它们不得不总是要做点什么，如果精神不
能再用，它们就想训练肉体。劳动和游戏皆可，只是不能静
止，倾心于静观。

　　但关键在于，他们要理智地理解①一切，他们将用这种理智
来完全欺骗他们的感官：因为像他们的理智所做的工作，简直
与感官全然对立。感官自动地追寻对象，它迎着对象而去，献
出它的拥抱。他们应该取得某种他们描绘为他的所有物，他的
作品的东西；他愿意寻觅也让寻觅自我。他们的理智根本不能
达到对象的起源之地；我的天哪！它们都在这里啊，一个已经
取得的、因袭而来的善。多久以来它们就已经被列举出来并得

---

　　①　这里的原文是 verstehen，即理解、理智或"知性"（Verstand）的动
词形式，作者着意批判的就是近代启蒙哲学家们，特别是康德、费希特等所
追求的"理智的"（知性的）理解形式，所以为了准确地表达作者的这层意
图，在这里把 verstehen 翻译为"理智地理解"。

到定义。请你们只像它们是生命带来的东西那样取用吧，因为正是生命带来的这些东西，你们必须要去理解，至于自我想要把自身造就成什么，想寻觅什么，那都是乱弹琴，是高傲（hoch-fahrend），是一种所谓的随波逐流，因为人生中能有什么果实呢？当然是虚无（nichts）。但没有人生，宇宙就不能被发现。

感官追求的是，把握某个整体的未被分割的印象；某种东西对于自身是什么，如何是，这是它想直观的，而且它要把每个事物放在其真正的性格中来认识，而他们的理智并不关心这些；那个什么和那个如何离他们都太远，因为他们认为，这只存在于从哪里来（Woher）到哪里去（Wozu）之中，他们永远在这些问题中兜圈子。这是他们的大目标，一个对象在现象系列中占有的地位，它的开端和终止，就是他的一切。他们也不询问，他们想要理解的东西是否以及如何是一个整体——不过这将会让他们扯得太远，但有这样一种倾向他们如此完全没有宗教的人诚然也不会脱离宗教——他们甚至也不想仔细分析和解剖这个东西。这样，他们完全就正好同此在的东西打交道，让感官以其最大的潜能满足于这个东西，仿佛它就是他们以之为傲的一个在自身之中的整体似的，我以自然中和人的活动中的一切艺术之所是指出，他们在能够对这个东西产生作用之前就摧毁了它，无疑是个别地被理解的，他们学会了从撕裂的碎片中扯下这一块和那一块。你们必须看到，这事实上就是这些精明的人们的实践。你们将承认，假如还有某种东西可以逃脱这种对它的敌视对待的话，也就唯靠一个丰富、有力而充满的感官，非此莫属，单是因此之故就只能有少数人，把自己的感官一直提升到宗教。但还有更多的人，他们借由现在还可发生的可能性，与尚且多余、只是不举向宇宙的感官融洽起来。在狭隘的市民生活中他们必须坚守一切他们内心中的东西。不

过，一切行动还是应该与此相关，这样，他们才认为，被赞美
的人的内在和谐不存在于别的地方，唯有存在于所有再次与他 301
的行动有关的东西中。他们以为，对于他的意义和眼前的丰富
描绘，他的材料足够了，只要他从来也没有超出这个观点，同
时超出他的立场和旋转中心之外的话。

因此，所有一事无成的感觉，仿佛是无用的支出，把自己
透支一空，灵性必定因此而最大可能地被合目的性活动所阻碍。
所以，对诗和艺术的纯粹爱好也是一种纵欲，只因为它不完全
像别的情感那样恶劣，人们才忍受它。求知也要带有一种聪明
和清醒的节度，而不能超越这个界限，要是对这个领域有影响
的哪怕最小的东西未被留意，他们也要发出最大声的尖叫，因
为这比其他感性的东西更有价值得多。有一个必须一直到某种
深度才被耗尽的东西，这对他们而言是一种必然的恶，感谢诸
神，总还是有一些人出于不可抑制的嗜好而投身于此，他们以
神圣的怜悯把这些人视为自愿的牺牲。有一些不愿被他们强制
实践的必然性绳索捆绑的情感，那么许多人在市民生活的道路
上就将遭受不幸或不道德——由于我把那些很少超出工业之外，
市民生活的道德部分对他们就是一切的人，也算作是这个阶
级——这就是他们最真心遗憾的对象，认为这是人性最深的伤
害之一，他们愿意见到的，就是尽快对这种伤害予以补救。

相信好人，所谓他们的活动是普遍的，竭尽全力为人类，
而且相信所谓如果有人做他们所做的事，就不需要有任何除对
所做事情之外的感觉，这才是大恶。为此，他们用他们的剪刀
把一切裁剪得残缺不全，他们一点也不想让一种原本的现象，
一种能够为宗教而生的现象，流行起来。因为从他们的观点出
发所见到的和所能包括的东西，就是说，一切按他们的意愿认 302
为是值得的事情，范围狭小，贫乏干瘪，无科学，无道德，无

艺术，无爱情，无精神，真的也无文字；总之，无一切由之出发能发现世界的东西，尽管对所有这些东西带有许多狂妄的希求。不过，他们以为，他们拥有一个真真实实的世界，他们真正地把握到了所有这些事物的合理关系。当然他们偶尔也想洞见出，有人为了把它直观为整体的要素，必须在事物的固有本性及其最高完善性中才必然地观察到的每个事物。因为在宇宙中，某种东西能够存在，只有通过其作用力和关系的整体性。所有事物达到这种整体性，为了变成内在的整体性，我们观察一件事情，不能从它之外的一点出发，而要从它固有的核心以及与这核心相关的一切方面出发，这就是说，在其特别的此在中，在其内在本质中观察一件事情。只知道对一切只有一个观点，恰恰就是大家对于每个事物都有的它的对立面，这是一条直接疏远宇宙的道路，陷于最可悲的褊狭中，成为人们恰好偶尔（von ohngefähr）也站立其上的这块龌龊之地的帮凶农奴。①

在人与世界的关系中，存在着某种进入无限的通道，每个人都能被带到一些披荆斩棘的展望面前，因此他的感官找到了通往宇宙的道路，在其举目远望之时被激动的情感，虽然并不直接就是宗教，但我已说过，是宗教的一种图式（Schematismus）。他们也聪明地堵塞这种展望，而在人们通常会用某种东西来遮羞的不雅观之处，公开地挂起了一幅拙劣的画像，一张哲学的漫画。而假如对于他们，不过就像时有发生的那样，宇宙的万有强力（Allgewalt）也因此启示在他们身上，某种透射之光落入眼帘，他们的心灵却不能抵御情感哪怕是微弱的激动，那么无限就不是他们为了安宁而飞往的目标，而是如同跑

---

① "帮凶农奴"第一版原文为 glebae adscriputus，第二版改为 handlangender Leibeigener。

道终点的标记，只是他们以最大速度围绕它跑动，但不触及它的点，只是为了越快越好地回到它的起点。

　　生死就是这样的点，在对它们有知觉时我们逃离不了它们，就像我们固有的自我到处都被无限所包围，总是激起一种静穆的渴望和一种神圣的敬畏；而感性直观的不可限度也至少是对另一种和更高的无限性的暗示，但对他们而言，这恰恰一点也不比假如能把世界体系的最大直径用作平常生活中的度衡更为可爱，就像现在把地球的最大圆周用作平常生活的计算一样。① 而且，如果关于生死的直观曾抓住了他们，他们也愿在这里大谈特谈宗教，请相信我，他们这样也丝毫没有把宗教挂在心上，只不过是借此机会在年轻人中为长寿术② 赢得一些人。不过他们也受够了惩罚，因为他们在这里并没有站在一个更高的立足点上，让他们所牵挂的这种生活智慧至少按照原则本身来谋求，这样他们就奴隶般地恭恭敬敬地活动在一些古旧的形式中，或者对一些微不足道的改进大加赞美。这就是现时代急匆匆地快步奔向的功利极端，说着的却是无用的经院哲学的繁琐智慧，这是一种新的野蛮，作为对旧野蛮表达敬重的一种对应物。这是祖辈取代了拙劣的专制主义地位的幸福主义③ 政治学的一个美丽果实。我们大家都由此而来，在早期胚胎中，宗　304

　　① "米"作为长度计量单位于 1795 年 4 月 7 日在法国，经过巴黎天文台的计算，被合法地确定为地球子午线的四千万分之一。1799 年一根由铂金做的代表米的标尺（所谓的"元米"[Urmeter]），收藏在法国国家档案馆。

　　② 著名医生复活兰德（Christoph Wilhelm Hufeland, 1762—1836），耶拿大学医学教授，1796 年出版了一部畅销书:《延长寿命的艺术》(*Die Kunst, das menschliche Leben zu verlängern*; 2. Aufl.; 2. Bde.; Jena, 1798）作为由他所发展的"长寿术"（Macrobiotic）的科学阐述。因此，"复活兰德"代表的就是这种"长寿术"。

　　③ 在第一版中，这里的"幸福主义的"（eudömonistischen）误写成"不信魔主义的"（undämonistischen）。

教的素质就遭受了损害，以致它不能与其他素质同步发展。

这些人，我跟你们说，我根本不会与之为伍，因为他们不蔑视宗教，尽管他们要扑灭宗教，他们也不能被称之为有教养者，尽管他们教育时代、启蒙世人，他们乐于做的这一切就是要一直达到讨厌的透明性。这些人一再地还是占主导部分，而你们和我们却只是一小撮人。整个城市和乡村都是按照他们的原理来教育。假如能在城市和乡村摆脱这种教育的话，人们还是在社会中，在各门科学中和在哲学中再次发现它，甚至也在这些东西中，因为不只是在古代哲学中——人们现在的划分，如同你们将熟知的那样，具有丰富的历史精神的哲学只是划分为古代的，新的和最新的——也有他们真正的居所，而且新的哲学本身完全掌握了它。通过你们对每一种世俗趣味的强烈影响，并通过博爱主义（Philanthropie）的假像，他们以此也迷惑了社会倾向，使得这种思维方式还一直对宗教采取压制态度，反抗每一种宗教运动，因此他们无论在哪里都想全力表现他们的生活。

所以，现在只有在对这种庸常趋势具有最强大的反抗精神这里，宗教才能奋起勃发，而且绝不表现在一个与前面那些人大多数情况下必定反对的不同形态中。因为如同所有东西都遵循亲缘规律一样，感官也只能在凡是它占有了一个对象的地方，才能赢得优势，这个对象是与感官敌对的理智只松散地笼络着的，而感官却最轻松地带着过度自由的力量将这个对象据为己有。而这个对象是内在的世界，而不是外在的：描述心理学，这种理智的理解力的杰作，在它贪求无所不能说明而耗竭自身并几乎失去了全部尊誉之后，再次首先为直观清扫了地盘。所以，谁是宗教人士，肯定就会带着他的感官回到自身，专注于对自己的直观，而一切外在的东西，无论是理智（Intellektuelle）还是物理的东西，现在都只留给讲理智的人作

305

为他们研究的大目标。同样，那些从宇宙的一切敌手的中心点出发最大限度地被其本性所驱动的人，按照相同的规律，找到了通往无限的管道。因此，长时间以来，一切真正有宗教性情的人，都因一种神秘色彩而表现出众，一切幻想的本性，都不愿忙于实实在在的世俗机遇，容易具有宗教的爆发力。这就是我们时代所有宗教现象的特征，这些特征具有两种色彩，它们总是从中组合，尽管是最为殊异的混合。我说的现象，毕竟不能期待在事物的这种状态中出现得更多。幻想的本性缺乏穿透性的精神，缺乏捕捉本质的能力。它们满足于美轮美奂的轻松游戏，满足于经常心醉神迷，但永远都只是偶然而完全主观的组合，这就是其最高的东西。一个深刻而内在的联系即使呈现在它们的眼前也全然徒劳，真正说来它们只追求迷幻炫目现象的无限性和普遍性。这些现象比感官实际所能达致的，或者远为不及，或者大大超过，但它们习惯于把握的就是这些，因此所有人在它的迷人外观前都是那么衣衫褴褛，仓惶而逃。很快点燃了他的心灵，但只有一个忽闪忽灭，仿佛随风飘逝的火焰。它们只有易于爆发宗教的火星，正如它们具有爆发艺术、哲学以及一切伟大和优美的火星一样，可惜吸引他们的本来就是它们的表面。

相反，宗教属于那些具有内在本质的人，但他们的感官永远只是返回于自身，因为它明白，在世界的眼前状况中它无力抓住更多的东西，缺乏过快地成为宗教大师或英雄的素质。有一个强大有力的神秘，最为轻佻的人要是对它不敬重和虔诚也是不可能观察到的，最为理性的人也不得不因其英雄般的单纯和对世俗的傲然蔑视而对之表示惊叹。恰恰不是被宇宙的外在直观所充满和覆盖，而是每一种个别的直观因一种充满神秘的特征总是一再地驱使人回复到自身，发现整体的基本轮廓和钥

306

匙，服膺于一个巨大的模拟和一个大胆的信念，确信不必离弃自身，相反要让精神自在地满足，以便让一切能够对它存在的外在东西也变成内的的。所以，凭借一种自由的决断，对现在不属于他的一切都闭眼不见，但这种轻视绝非无知，这种闭目不是无能。而他们学会了不看任何外在于自我的东西，是因为一切只在平庸认识的拙劣模仿中依葫芦画瓢地展示在他们眼前，这些东西远多于能呈现给他们看的东西，他们现在除了他们的自我直观外既不拥有足够多的感性，也不拥有足够多的光明，以穿透这个古老的黑暗，他们愤怒地对这个时代所有的东西进行了斥责，他们根本不能用他们内心的活动来创作，但这不是与我们的看法一致了吗？

所以对宇宙（的情感）在他们的内心尚未发育，极端贫乏，他们很少能够直观，仅仅以他们的感官，迫使自身在一个特别狭隘的圈子中永远围绕其运转，他们的宗教感终在一种病态的生活之后，因缺乏刺激而间接地衰弱死亡。而对于那些人，他们的感官却以较大的力量投向宇宙，但同样缺少发育，就大胆地转向外部，也在那里寻求更多的新材料，就有另一个结局在等待着他们，这个结局在他们与时代的不当关系中表现得太清楚了，那就是只有一种暴死。而你们若愿称之为安乐死（Euthanasie）也可，但是一种恐怖的安乐死，精神的自杀。精神不理解地把握世界，其内在的本质，伟大的意义，受制于精神教育的鸡零狗碎的见解而对其陌生，并被混乱的现象所欺骗，沉迷于无拘无束的幻想，寻求着宇宙及其踪迹，这个从前绝不驻足之地，最终无意地将内在与外在的这种关系完全撕得粉碎，赶走了无力的理智，而以一种神圣的疯狂为结局，对这种疯狂的根源几乎无人知晓，（但无疑是）一种纯然的牺牲，那潜藏于人心最内在深处的东西普遍地被轻视和虐待，虽然大

307

声呼喊，但始终不被理解。不过这徒然只是一种牺牲，没有英雄：走向毁灭的人，大体上都经历着最后的考验，不能被纳入作数者之列，从而感受到了最内在的神秘。

这些控告，认为在我们当中没有持久的和在整个世界面前得到承认的宗教代表，并不打消我从前所说，所主张的东西，当然我知道，我们的时代也并非比任何别的时代对宗教更加不利。确实，宗教的群众在世界上并非减小了，而只是被驱散得四零八落，相互远离罢了。宗教因一种强大的压力只在细小而轻松的东西中启示自身，但许多现象，比它们能够自为地造成一个伟大而崇高的印象更能提升整体的复杂性，更能让观察者赏心悦目。我依然确信，有许多人，在对永恒和不可消逝者的渴慕与爱中，吐露出年轻生命最清新的芳香，即便往后，也许绝不完全被世俗征服。没有哪个人，高尚的世界精神从来不曾为他呈现过，至少也会有次吧，对于自身有羞愧感的人，对于他的不体面的局限会脸红的人，崇高的世界精神都会向他投去 308 深沉透彻的目光，低垂之眼虽不能见之，但能感觉到。——在这里我再一次坚持这一信念，你们中每个人的意识都愿指向它。信念，如同人们从前看到的那样，只是缺乏宗教的英雄，缺乏圣洁的灵魂，因为它就是一切，而现在缺乏的就是能完全被它所穿透的这类人（Geschlecht），而且必定缺乏这类人。

进而言之，我如此经常地省思，什么必定要发生，我们的教育必须采取哪种方向，如果在一个更高风格上的有宗教性情的人尽管还是那么稀罕，但毕竟应该表现为是它的时代的自然产物的话，那么我发现，经过你们整个的努力，为宗教的再生（Palingenesie）提供了不少帮助，至于你们是否是有意为之你们可以自作决断，而且，一部分是你们的普遍活动，一部分是你们一个小圈子的努力，一部分是一些超常灵性人物的崇高理念被使用到人性的进程中以实现这个终极目的。

直观的范围与真理，取决于感官的敏锐与广博，无感觉的绝顶聪明者并不比有正确眼光的最愚笨者更靠近宗教。所以一切都必须开始于对奴隶状态的终止，在这种状态中，人的感官被束缚成为那些理智训练的科目，通过理智训练而一事无成，就改为训练解说能力，而解说使万事不明，则改为训练解剖能力，但还是什么也解绝不了。终止奴隶状态，这就是你们将所有力量联合起来不久就将努力达到的一个目标。进行教育改革，如同进行一切不从最高原则开始的革命一样。它们将逐步地又回到事物过去的老路上去，只有一些外部的变化叫人想起这在开始时被认为是惊人之举的伟大事业。理智性和实践性的教育与古代的机械教育还只有不大的区别，而既不是在精神上也不在效果上与其区别不大。这是你们不能回避的事，教育对你们来说最大部分已经就是如此令人憎恨，从童年的圣洁和不可伤害的永恒任性（Willkür）中传播开来的一个比较纯粹的观念，据说在成年人这里也期待着它的表达并必定已经窃听了它的表达。不久这个枷锁将被砸烂，直观力将占据你们的全部领地，所有的机能都将开启，一切对象将以一切方式能够与人接触。但是，随同感官的这种无限制的自由而来的，很有可能就是一种限制和活动的一个固定方向。这是巨大的要求，你们中的佼佼者现在就是以向同代人和后世提出这样的要求而闻名。你们厌倦了拿着不结果实的百科全书到处兜风，你们自身只是在这条自我限制的道路上才成就了你们的今天，你们明白，没有别的自我造就之路。所以你们坚决要求，每个人都应该寻求成为某种确定的（人格），从事任何事情都应该坚持不懈，全心全意。没有人能够比那些已经让自己的感官成熟到普遍性的人，更好地洞见出这一劝告的真理性，因为他必定知道，如果一切不被分殊和限制，就不会存在什么对象。而且我对这些努力也甚感愉悦，唯愿它们能够在已有的成就上取得更大的成功。

它们将切实地让宗教得益。因为正是对力量的这种限制，只要感官不同时被限制的话，才越来越肯定地为感官开辟出这条通往无限的道路，重新开放长久以来被关闭的团契。谁直观到、了解到了许多东西并随之能够决定，全力以赴地做某个具体的事，为了其自身之故促成它，不过这个人无非也能认识到，其余的具体事物也是为了其自身之故而被造就和应该在此存在的，因为否则的话，他就会自相矛盾，而且如果他随之又选择了某个被推到如此之高超出他能力之外的事情去做，那么恰恰就在事物完善的顶峰上，他至少没有觉察到，没有其余的事物，那才是虚无。这些到处纠缠着一个沉思之人要他承认他者，否定自己的东西，这种同时被要求的爱戴和对一切有限之物和受局限之物的蔑视，没有一种对宇宙的朦胧预感是不可能存在的，必然会招致一种对无限之物，对那个一切中的一的比较清澈而坚定的渴慕。 310

每个人从他自身的意识中得知，感官有三个不同的方向，一个是向内追求自我本身，另一个是向外探求世界观的不确定性，第三个方向是这两者的联合，当感官一直处在两者之间来回漂浮时，只有无条件地假定它们有最内在的统一，才能找到它的安定，这就是朝着自身中完善者，朝着艺术及其作品的方向。它们当中只有一个能够是一个人的主导趋向，但从每一个方向出发都有一条通往宗教的道路，而且它按照宗教能够在其方向上被发现的这条道路的特殊性，采取一个独特的形态。

请你们坚持不懈地努力直观你们自己吧，撇开一切不属于你们的自我的东西，以总是被磨砺得比较敏锐的感官一直如此勇往直前，宇宙越明晰地呈现在你们面前，你们自身就越多地销声匿迹，因对无限在你们内心的情感而产生的对自我消逝的惊恐，也就将越多地获得荣耀的报偿。请注意观看你们身外世界的任何一个部分，任何一个元素，并把它把握在你们完整的本性中，但也请你们共同追寻一切东西现在是什么，不只是在自身之内是什么，而且在你们内心是什么，在这个和那个东西中以及普遍地是什么，你们的道路从周边到中心不断重复，越来越经常，越来越宽广地扩大延伸，你们就将很快丢掉有限的东西，发现大宇宙。

假如这不是轻浮的话，我倒唯愿让愿望超出自身之外，我 311 恰好能够如此明晰地直观到，艺术感官是如何自为地过渡成为宗教的，尽管灵性通过每一次具体的享受而沉浸于宁静之中，但是如何依然感受到被驱使着继续超越，能够径直通向宇宙的。为什么能够走上这条路的人，都有着如此沉默寡言的本性？我不了解它，这是我最严峻的局限，这是我在我的本质中深刻感受到的，但也稳重对待的缺陷。我不满足于看自己，但我相信我自己。事情的可能性清清楚楚地在我眼前，只是它应该为我保留一点秘密。是的，如果真的存在着快捷的皈依之路，那一定有某些机缘，对于一个因此机缘除了想把自身提升到有限东西之上，而对别的什么也不想的人而言，在某一时刻感官就如同被一种内在而直接的光明照亮，向着宇宙腾升而起，而它的灿烂光辉也突然向他袭来。所以我相信，伟大而崇高的艺术作品的眼光，比任何别的东西都更能创造这种奇迹，只是我还从未把捉到这种奇迹，不过这种信念更多是针对未来而不是针对过去或当代的。在最抽象的自我直观的道路上去寻找宇宙，曾经是远古的东方神秘主义的做法，它以值得惊叹的豪胆，把无限大直接与无限小联系起来，发现万物紧密地与虚无的边界相连。

我知道，每种宗教都是从对世界的直观出发，其图式是天或者有机自然，多神论的埃及人长久地是这种感觉方式的最完美的护士。在这种方式中，至少让我有一种预感，它对本原的无限者和对卑微苦难的生灵的最纯粹直觉，紧紧地贴近于最黑暗的迷信和最无意义的神话而变了味。关于主宰了这些民族和时代的艺术宗教（Kunstreligion）中，我从来都没有什么感觉。只是我知道，艺术感绝不会接近了宗教的前两种形式，而不以新的优美和神圣使宗教发生动摇并友好地缓解它原初的褊狭。所以，通过希腊年长的贤人①和诗人，自然宗教（Naturreligion）改变成为一种更加美丽和快活的形态，于是，他们神圣的柏拉图把最神圣的神话提高到了神性和人性的最高顶峰之上。让我对我不熟悉的女神②致敬，她那么操心而全然无私地护理着这个顶峰和她的宗教。我惊叹于最美丽的忘我精神，在柏拉图以神圣的热情对忘我所说的一切当中，如同一位公正的国王，也不体谅心肠太软的慈母，因为她所做的一切只被视为她为不完善的自然宗教所做的自愿的服务。现在她谁也不伺候了，一切都不同了，变得更坏。

312

宗教和艺术，相互并列，如同两颗友爱的心，内在的血缘相亲，感觉上心心相印，却还是互不认识。友好的话语和倾吐的心声总是涌上它们的嘴唇，但一再地还是咽了回去，③ 因为

---

①　古希腊有著名的"七贤"之说，他们是：米利都人泰勒斯（Thales，公元前 625［？］—公元前 547［？］，哲学家）、雅典人梭伦（Solon，公元前 638—公元前 559，立法者）、普林尼人比亚斯（Bias，律师）、米提林人皮塔库斯（Pittacus，公元前 650—公元前 570，军事家）、斯巴达人基隆（Chilon，检察官）、林都斯人克里奥布卢斯（Cleobulus，公元前 600，林迪的僭主）、科林斯人佩利安德（Periander，公元前 665—公元前 585，政治家）。

②　这里的女神指的是艺术。

③　暗指由浪漫主义者瓦肯罗德（Wilhelm H. Wackenroder）和蒂克（Ludwig Tieck）匿名出版的著作：《一个爱好艺术的无职僧侣的内心吐露》（*Herzensergießungen eines kunstliebenden Klosterbruders*; Berlin, 1797）。

它们还是不能找到它们感觉和观看的合理方式和最终基础。它们期待一个更贴近的启示，忍受着共同的压力，它们呻吟着相互看着对方受难，也许带着内在的倾心和深挚的情感，但却没有爱。这种共同的压力只应带来它们统一的这个最幸运的瞬间吗？或者你们将马上给予你们如此看着的一方一个巨大的打击，好使他们确实急急忙忙地至少以姐妹般的诚实关怀一下对方。——但对于现在而言，不只是宗教的两种类型缺乏艺术的帮助，它的状态本来也比往日更加糟糕。从前，直观无限的两个源泉① 向着一个时代汹涌澎湃地流出，无真正原则的科学的仔细求证还未曾以其平庸性伤害到感官的纯洁，虽然自为地看两者都缺乏足够的丰富性，以带来至高无上的东西。而现在，除此之外，它还因淳朴性的丧失，因对一种自负而错误的见识的腐蚀性影响而浑浊不堪。人们如何净化它们？如何赋予它们足够的力量，让它们有足够的丰富性，以源源不断的而非转瞬即逝的产品来浇肥大地的土壤？让它们合流，统一到一个河床，这是能够使宗教达到完善的唯一途径，我们正行驶在这条道路上。这或许也是一个机遇，宗教唯愿从它们的怀抱中以一个清新而光辉的形态马上迎接改善的时代。

313

请看这里，你们目前最高努力的目标同时就是宗教的复活！是你们的辛劳才促成了这一必做之事，我祝贺你们，哪怕你们是无意地成了宗教的救济者和培育者。请不要放弃你们的岗位（Posten）和工作，直至你们打开了知识之门，以牧师般的谦恭开启真正科学的圣所，进入最核心的圣殿。对于走向这里的所有人，也包括宗教的儿女，那因半桶水的知识和过分狂妄的瞎捣鼓（Pochen）而丧失了的一切，得到了补偿。道

---

① 按照上一讲，这两个源泉指的是直观和情感。

德以其贞洁的天尊之美，远离嫉妒与专制的黑暗，在入口处
递给他们天籁（die himmlische Leier）和魔镜，好使他们严肃
静穆的形象伴随着神圣的音符，在无数的形象中永远都只有
这种形象才具有洞穿整个无限性的眼光。那种把人提升到他
与世界相互作用的概念，教导他不仅把自身看做是受造物（Ge-
schöpf），而且同时看作是造物者（Geschöpfer）的哲学，不能
长久地忍受，在其眼皮底下那些捍卫其目的、沉稳地将其精神
之眼收回于内心，在那里寻求大宇宙的人，饱受贫寒与匮乏之
苦。可怕的分离之墙应该被推倒，在它之外的一切都只是其内
部的一个他者。一切都是其精神的反映（Widerschein），就像
他的精神只是万有的一个烙印一样。他允许在这个反映中寻求
自身，而不丢失自身或者走出自身之外，他绝不能在对他自身
的直观中耗尽自身，因为万物皆备于他之内。物理学鼓励那个
围着自身观看的人，为了观察宇宙，大胆闯进自然的中心，不
能长久地忍受他徒劳无果地分散自己的精力，停留于个别而细
小的特征上；他只循着自然力的游戏直至其最神秘的疆域，从
难以进达的运动物质的储藏室直到有机生命的技艺工场；他估
算自然的强力，从充塞出空间的世界的边疆到他本身自我的中
心，进而发现到处都在用这种力，在永恒的争斗中，在最不可
分的统一体中，在它最内在的核心和最外在的边界中。去伪存
真，赢得本质。他的目光稳健，他的展望明亮，无处不在的一
切乔装被明眼看穿，无处能有安宁可比同在无限和恒一中。

　　我已经看到一些重要人物走出了圣殿，返回到这个秘密中
参悟内情，只不过他们为了披着牧师的袍服走在前头，而特意
净了净身并装饰了一番罢了。但愿终究也还会有一位女神长久
地以其富有帮助的现象来镶边，因此也带给我们这个时代一个
巨大而富有的替代品。最伟大的艺术杰作就是以人性作为其素

314

材，直接地形成宇宙，许多人必定立刻为此而举目仰望。因为现在她正是以大胆而有力的艺术来形成宇宙，当新的作品陈列在时间的庙宇中时，你们将是新的像柱（Neokoren）。请你们以力量和精神来解释艺术家，从早期作品解说晚期作品，从那些作品解说这些作品。让过去、现在和将来都拥抱我们，① 最

---

① 暗指施莱格尔（Friedrich Schlegel）著名的《雅典娜神殿——片段》（*Athenaeums — Fragment*）第一百一十六号关于《浪漫诗》（romantische Poesie）："浪漫的诗是一首逐步普遍的诗，其使命不只是将所有分开了的诗歌种类再次统一起来，并让诗歌与哲学和修辞学建立起联系，而且它也愿意并应该将诗歌与散文，原创性与批评，艺术诗与自然诗，时而联合，时而融合，使诗歌成为有生命力的和社会性的，使生活和社会成为诗性的，使风趣（Witz）变成诗，使各种艺术形式以精纯的文化素材来填充和饱满，通过幽默的激动赋予灵魂。它包含一切只有诗性的东西，从自身包含的最大的到较多的艺术系统，直到写诗的儿童以无艺的歌声唱出的呻吟和亲嘴。它会在这样的说法中丢失自身，有人愿意相信，每种类型的诗歌个体都有自身的鲜明特征，说它是唯一和一切；不过还没有那种诗歌形式真的达到了这样的个体特征，完整地表达出作者的精神，以至于也只是想写一部长篇小说的某些艺术家，偶尔表达自己本身。它只有等同于史诗，才能成为整个交往世界的一面镜子，时代的一幅图画。进而言之，它最多地却也是在被表达者和表达者之间，不束缚于任何实在的和观念的利益，插上诗意反思的翅膀，盘旋在中心。这种反思一再地沉潜下去，如同在一个无止境的镜照系列中而多倍倍增；它能够是最高和最全面的教养，不仅自内而外，而且自外而内。只要它每一次都能把整体放进其作品中，所有的部分都能类似地作有机安排，因此对一个无止境增长着的典范性的展望就为它打开了大门。在艺术中，浪漫的诗就是能让哲学风趣的东西，是生活中的社会、交往、友谊和爱情。其他的作诗方式是程序化的，现在完全可以将它们打破。浪漫诗的方式还在形成之中，甚至其真正本质性的东西就在于，它永远都只是在形成的过程中，而绝不能够被完成。它不能被理论搞垮，而只有一种预言式的批评才敢于允许赋予它以理想的特征。它仅仅是无限的，正如它仅仅是随意的一样，这被承认为是它的第一规律，诗人的任意性不可忍受自身之上的规律。浪漫诗的方式是唯一的，超越类型，仿佛就是诗艺本身。因为在某种意义上，一切诗都是或者都应该是浪漫的。"（《雅典娜神殿——片段》1/2, 28—30，载《施莱格尔批判版著作集（卷二）》[*F. Schlegel: KA2*]，182—183）。

崇高的艺术作品的一个永无止境的画廊，通过千万面光辉的镜子而永远无限倍增。让历史如其合乎世界的规矩一样为世界提　315出戒律，以丰厚的谢忱献给作为其最初保育者的宗教，唤醒真正圣洁的崇拜者，以永恒的强力和智慧作为酬报。看吧，天尊的植株无需你们劳力（Zutun）多么茂盛地在你们的植物中间生长。不要阻扰它，也不要拔除它！这是诸神喜悦和你们功业不朽的见证，它是装饰的饰品，是保护的护符（Talisman）。

第四讲　论宗教的会社性或者
论教会和教牧

　　你们当中习惯于把宗教只看做是一种心灵疾病的那些人，通常也好怀着这样一种观念，以为这种疾病，假如长久以来都是分散在这里或那里的一些个别人物患有的话，就是一种比较容易忍受的，甚至也许是比较容易抑制的祸害，但是只要更多的不幸得了这种疾病的人，结成一个过于亲近的团体，那么公共的危险就升至最高，达到一切都可丧失的地步了。在前一种情况下，人们可能会通过对症下药的治疗，仿佛通过清火消炎的饮食和健康的空气来削弱疾病爆发的高潮，而真正的病灶，即便不能完全根除，却也能缓解到没有危害的地步；但在后一种情况下，人们不得不放弃每个拯救的希望；如果他人在照顾病患时靠得太近，使病情加重，伴随着这种疾病而来的就将是最险恶的症候，祸患也将越加变成灾难。随之，整个气氛被少数病患所毒化，健康的身体被传染，生命过程得以运行的一切通道目前都被毁坏，所有的体液都被分解，而且被同样发烧的疯狂侵袭之后，整个世代和民族就不可挽回地毁坏了。因此，你们对教会，对所有能被视为宗教传播者的机构的敌意，越来

317　越大，远超过对宗教本身的敌视，所以对你们而言，作为支持传教而且本身就是这类团体的真正活跃分子的教牧人员，就是众人中最可恨的家伙。

　　但是，在你们当中也有一些对宗教怀有某种温和态度的人，相比于把宗教视为心灵的错乱，他们更多地视之为一种古怪，相比于把宗教看做是危险现象，他们更多地视之为一种无意义的现象，他们从宗教的所有社会建制出发，既看到了完善的一面，也同样看到了有害的一面。他们认为，将自身的固有之物和自由付予奴性的牺牲，丧失精神的机械化和空虚的习俗，这一切后果都与宗教密不可分，而其富有艺术性的作品，或者是从一无所是的东西，或者是从任何别人都能做得同样好的东西中，以不信神的成就造出的巨大业绩。我对在我看来如此重要的这个对象，假如也不尽心尽力地把你们带到正确的观点上来的话，那么我就是把我的心肝掏出来与脏水一起倒掉。你们把多少人类倒错的努力和悲惨的命运归之于宗教统一的罪过，对此我不必重复了，这在你们当中最有影响人物的千百次发言中表白得清清楚楚。我还愿意阻止对此归罪——加以反驳并把罪恶反推到其他原因上的企图。相反，让我们服从于一个新的观点的完整概念，从事情的核心出发重新创造它，不去管它迄今事实上是什么，让我们握在手上的经验是什么。

　　宗教过去是，它也必然地必须是社会性的。它不仅存在于人的本性中，而且它也完全优先地存在于它本身的本性中。你们必须承认，如果人想把在他自身之内创造和完善的东西也要

318　封闭在自身之内，这是极度违反本性的。在持续的，不仅是实际的，而且也是灵性的交互作用中，他与其余同类是并肩而立的，他应该把他内心的一切东西都表达和传播出来，而且，某种东西越热烈地激动它，越内在地浸润其本质，动机也就越强

烈地受到触动，有力地驱使他去直观身外别的东西，好亲身
证明，他眼前所遇到的东西无非就是人性的东西罢了。你们
看，这里根本不是说，要努力把别人变得与我们类似，也不是
说相信在我们内心中的东西就是对每个人不可或缺的，而只是
说，我们相信，我们这种特别不寻常的关系是不可或缺地要内
在地变成公共的本性。但这种要求的最真正的对象，无疑就
是要求直观和情感，人在这里原本地感觉到自身是被动的（lei-
dend）。由于直观和情感驱使他知道，是不是有他不由自主地感
受到被深深感动的陌生的和不起眼的东西。所以我们也看到，
从童年开始众人就主要地忙于传达这种直观和情感。他宁愿把
他的概念默不作声地放在心中，因为没有直观和情感，他根本
就不可能去思考概念的本源。但对于冲着他的感官而来的东西
是什么，激发他的情感的东西是什么，他想要有见证人，有身
临其境的参与者。他何以应该把恰恰对他表现出来的最大、最
不可抗拒的宇宙的影响力为自身而保留呢？他何以应该恰恰
把那个以最强大的力量驱使他走出自我的东西，想要坚守在自
身之内呢？因为除了这个东西之外，没有什么给他留下了那
么深的烙印，他仅仅从自身出发不可能认识到自我本身。如果
是一种宗教观点让他变得明白，或者是一种虔敬的情感浸润了
他的心灵，他的第一努力毋宁就是，也把他人引向这个对象，
如果可能的话，把他心灵的颤动传达给他们，在他们的心中继
续培植。

　　所以，如果说是受其本性的驱使，宗教人士才必然会说话
的话，那么恰恰是这一本性也为他赢得了听众。无论以何种方
式去思考和感受，都不如在宗教这里，人每次都完全无能为
力，为他的对象而把如此生动的情感一点不留地掏空一尽。他 319
的对于宗教的感官不能立即被发动，除非他也感觉到了宗教的

无限性和他自己的局限性；他意识到，他只把握到它的一个狭小部分，而关于他不能直接达到的部分，他想至少借助于一种其他的媒介来感知。为此，宗教的每一种表达都令他感兴趣，他追寻这一表达的补充，窃听他认为属于宗教的每一声音。这样就组成了相互的交流，说话和倾听也就同时对每个人都是不可或缺的。但宗教的传播，不像某些别的概念和知识那样，可以在书本中找得到，在书本这种媒介中，一切不适合于千篇一律地表达的符号，也马马虎虎地凑合在其中，丧失了太多原初的印象，而在宗教中，这样的东西应该重说一遍，所有的事情都需要表述两三遍，原初的表述必须再被表述一遍，尽管如此还是以其伟大的统一性影响到整个人类，经过多次反思的东西只能是恶劣地被模仿的东西。只有当宗教被驱逐出活生生的社会时，它才不得不将它多重的生命隐藏在僵死的文字里。

在平常的谈话中也不能推动与人内心深处的这种交流。许多对宗教充满善良意愿的人们，也责备过你们，为什么在你们当中对所有重要的对象都能在友好的交流中交谈，唯独只是不谈上帝和神圣事物。关于这一点，我倒想为你们辩护，至少从你们说出的话中既没有蔑视也没有冷漠，而是一种出色的和很正当的本能。在快乐和欢笑的常驻之地，严肃的事情本身也该依顺地与诙谐和风趣结合，哪有余地留给那些总是必须被圣洁的羞愧和神圣的敬畏所包围的事情呢！宗教的静观，虔敬的情感和严肃的反思，人们对此也不能像对待轻松交谈的材料那样，以细小的面包屑相互地丢过来投过去。假如是在谈论如此神圣的对象的地方，对每个问题都同时准备好了回答，对每一招呼都随时回以一个对应，这如其说是活泼，毋宁说是亵渎了。在轻浮而快捷地交换随时出现的种种念头这种风尚中，无法对待神圣事物。宗教的传布必须发生在一个更高尚的格调，

320

另一种社会形式中，你们致力于探索的社会形式必须由此构成。它适合于在语言所能达到的最高水平上，也应用人类言语的完全丰富和华丽，不是似乎要有某种宗教好像不能缺少的装饰，而是由于，如果不指明，被汇集起来的一切，都是为了表现出宗教恰如其分的力量和尊严的话，乃是不敬和轻率的。所以，宗教不可能不以演讲家的全部功力和语言艺术说出和传播，并立志取得所有才艺的辅佐，能够伴随轻快矫健而又生动感人的言语。因此，一个心中充满宗教的人，除非在一个充分准备能够产生多种多样的影响的集会前，不随便开其尊口。

但愿我能够从上帝之城的丰富而丰盛的生活给你们描绘出一幅图画，那里的居民聚集起来，每一个都充满天生的活力，愿意将其自由散发，圣洁的欲望充满一切，每个人所取得的东西，就是从别人愿意给他呈现的东西中领悟到的。如果一个人走到其他人的前面，不是凭什么职务或约定使他有这样的权利，不是傲慢与狂妄使他自以为有这样的威望，而是灵性的自由冲动，是每个人与所有人最神圣地融为一体的情感冲动，是最完善的平等冲动，是每一种诸如最先和最后之类的世俗秩序的废除。他走到前头来，是为了说出他自己的直观，把别人看做是其余对象的东西引领到宗教的领地，这里就像是他的故乡，他要在这里把他的神圣情感灌输到他们的内心。他说出了宇宙，而会众则以神圣的缄默跟随着他神灵活现的言语。而现在他要做的就是，揭示一个深藏不露的奇迹，或者以深信不疑的预言把未来与现在联系起来；他要通过新的例证巩固旧有的感知，或者他灼热的幻想，崇高的幻景让他对世界的另一部分和事物的不同秩序心醉神迷，狂喜不已，而会众训练有素的感觉则到处伴随着他的一言一行，等他从穿过宇宙的漫游回到自身时，他的心和每个人的心就都只是这同一种情感的同感共通

321

的表演场所。那么，回敬他的是他大声坦露的观点与他内心的东西，神圣的奥秘的一致性。不仅意义重大的象征，而且被恰当洞见到的特定意识和特定感觉的自然的暗示，都这样被发现，这样被颂扬，仿佛是一个高音合唱，以一种真正崇高的语言（Sprache）回应着召唤者的心声。但不只是仿佛，也就如同这样的言语（Rede）就是无歌无调的音乐，就是神圣者当中的音乐，它是无词（Worte）之语，是最内在心声的最确定、最可领会的表达。和谐的缪斯，尽管她与宗教的信赖关系尚属奥秘，但自古她就把她最为热诚的圣徒的最华丽、最完善的作品献上了宗教的祭坛。在只是和风悦耳地轻声配上诗人词语的圣歌和合唱中被直观到的东西，是限定性的言语不再能把捉得到的，思想之声和感觉之音如此地相互支持和交换，直至一切都饱满并完全被神圣和无限者所充满。

这就是宗教人士之间的交互影响，这就是他们自然而永恒
322 的联系。这是天国的联盟，是人的社会性的最完善结晶，如果他们从最高的立场出发，在其最内在的本质中认识到了的话，不要责怪他们只能达到这个在他们看来比你们世俗的政治联盟更有价值的联盟，因为政治联盟只不过是一个被迫的、短暂的和过渡性的作品。——那么在这一切当中，哪有你们惯于称之为众恶之源的那个教牧与平信徒（Laien）之间的对立呢？你们是被一个错误的假相迷惑了：这根本就不是个人之间的区别，而只是状态和事务之间的区别。每个人都是教牧，只要他在这个他特别为之献身的领地上，把其他人吸引到自身这里来，而且他在这里能够表现为是一个技艺精湛的行家；每个人都是平信徒，只要他自己在他不熟悉的宗教事务上跟随他人的艺术和指点。你们描写得那么可恨的独裁贵族制在这里并不存在，一个教牧的民族是这样一个社会，一个完善的共和国（Re-

publick），在这里，每个人交替地既是领导也是平民，每个人既跟从别人的力，在自身他也能感受到这种力，他也用这种力去治理别人——在这里精神哪有冲突和分裂，你们把它视作一切宗教团体不可避免的结果？我没有看到别的，仅只看到一切都是一，只看到宗教中实际存在的所有差别，正是通过这种社会性的联系，像汁液一样相互流通交融。我也让你们自己关注宗教性的不同程度，我指出了两种不同的感觉方式，和不同的方向，幻想就是根据这种不同的感觉方式和方向将宗教的最高对象个体化的。你们以为，这因此必定存在宗派分裂，必定会阻碍宗教中自由的社会性吗？从观念上看当然可以这样认为，一切外在并列设置的和在不同的部门中把握到的东西，必定也有对立和矛盾之处，但是如果你们看看实际存在的东西，就会使你们放弃这些看法，而看到在这里一切都是内在交流和兼容的。当然，在某一点上最为类似的东西，相互之间也会最强烈地吸引，但它们因此不能构成一个互为有别的整体：因为这种亲近度时而减少时而增加，不易觉察得到，而在最疏远的元素之间也存在许多过渡，没有绝对的冲突，没有完全的分离。

323

　　如果你们愿意，不妨拿这些自身能够以化学方式形成的物质来看看，你们要是不用某种机械手段把它们强行分离的话，将没有一个是独特的个体：其最外在的部分同时与别的真正说来已经属于另一种物质的东西联系起来了。如果处在同样比较低的等级上的人联系得比较紧密，他们当中也就会有一些预感比较好的人，每个实际上能够站得比较高的人，其对自身的理解都比他自己本身要好，他就能意识到隐藏在那些人当中的结合点。即使这些人一个接一个地自我封闭，在他们中只有一种感觉方式占主导地位，就算如此，也还有某些人懂得两种方式，属于两种方式，这个在其本性中将宇宙人格化的人，不过本质上，是在宗教的素材中这样做的，与不这样做的人根本没有区别，他也绝不缺乏能够轻而易举地考虑到对立形式的这些能力。只要感觉不受限制的普遍性是宗教首要和原始的条件，那么它多么自然地也就是宗教最美最成熟的果实，这样你们诚然就看到，你们在宗教中的进步越大，整个宗教世界作为一个不可分的整体必定也就越多地给你们表现出来，这不是不可能的，只在比较低级的区域也许还有某种分离的冲动能被感觉得到，但最高尚的和最有教养的人看到的是一个普遍的联合体，正因为他们看到了它，他们也就要建立它。

324

哪怕每个人只同最临近的人有联系，但他在一切方面和一切方向上也都有一个最临近者，他事实上也就同整体不可分割地联系在一起了。宗教中的神秘主义者和科学家，一神论者（Theisten）和泛神论者（Pantheisten），将自身提升到了对宇宙进行系统观察的这些人，和那些还只是在初阶上和黑暗的混沌中直观宇宙的人，大家还都只是一类人，一个联盟包括了他们所有人，他们只能被强暴地和任意地分离开来。每个个别的联合体只是整体的一个流动着的和整合着的部分，在无定性的轮廓中自身迷失在无定性中，自我的感觉也只是如此。

哪里有野蛮地诱人向一个个别的实定宗教形式的改宗，哪里有那个恐怖的所谓我们之外无救恩的格言呢？[①]就像我给你们阐述的宗教性社会那样，他们必定都是按其本性存在的，他们只是相互传播，在已经信宗教的人们之间，实际存在的情况也是如此。那么，他们的活动怎么可能会是劝说那些已经信仰了某个实定宗教的人们改信，或者说，率领那些还完全缺乏信

---

① 暗指圣·西彼廉（St. Cypian）的这句格言："教会之外无救赎"（extra ecclesiam nulla salus）。他出身名门望族，曾是迦太基（Carthage）的著名律师，在248—258年间跃升为迦太基的大主教，后来以身殉道。

仰的人去信教，去朝圣呢？总而言之，社会的宗教就是完整的宗教，是无限的，没有人能够自个地完全总括它。所以，没有人培养自己的个别宗教，也没有谁被提升到个别的宗教。因而，某人已经从社会宗教中有了自己的一个份额，据称这也是为自己所选择的，要是社会想要剥夺他这一符合其本性的一份，岂不是社会的一种疯狂的处事方式吗？不过，要是社会也应该在自身之中包含这种疯狂的处事方式，而个人不就必然地必定具有吗？那社会为什么一定想要为那些总的说来还不熟悉宗教的人们培植宗教呢？不过社会本身也不能够把宗教的所有物，这个无限的整体传播给那些人。而普遍的东西，不受限定的东西，难道不就是这样的结果吗？只要有人探索一下，究竟有什么东西在所有人那里都能遇到其枝节（就能明白这个道理）。不过你们肯定明白，到处绝无什么普遍的东西和不受限定的东西，毋宁说它们只有作为某种个别的东西和在一种完全限定的形态中才能被给予和传达，因为通常要是不存在某物（etwas），事实上就什么也不存在（nichts）。

　　所以你们在这个事情上毫无尺度，毫无规则。宗教一般地究竟如何能够做到超出自我之外，你们说是由于需要，宗教从这一需要中才能形成，而宗教的社群性原则根本没有任何诸如此类的暗示。在宗教中以需要的方式发生的，永远都只是个别人为了自己的私人事情。如果在直观宇宙给予他最崇高的享受并被神圣的情感所浸润而使他的精神登上生命巅峰的地方，被逼迫走出宗教团体的圈子之外，被拉回到生命的低级区域，那么他的慰藉就在于，他在这里不得不忙乎的一切，毕竟同时能够与他心灵中永远至高无上的东西保持联系。当他从这心中的高点下来，落入到只奔忙于世俗事务的人当中时，他容易相信，只是请原谅他吧，他是出于与诸神和缪斯的密切往

325

来而置身于一帮粗俗野蛮的人当中的，他感觉到自己是作为无信仰者当中的宗教主管，野蛮人当中的一个传道者，他希望他们当中的某些人通过天上的音调赢得一个新的奥菲尔斯（orpheus），①作为一个新的牧师形象表现在他们当中，在他的一切行动和完整的本质中把他更高超的感觉力清晰而鲜明地表达出来。倘使激发出类似于神圣和诸神的印象，他是多么乐于将宗教的第一预感在一个新的心灵中培植，也多么乐于在一个陌生而严酷的气候里看到宗教兴盛的一个美丽证据，他多么像凯旋者那样热血沸腾地把新的皈依者同自己一起拉到这个崇高的会场！这种推广宗教的事务，只是异乡人对他家乡的虔敬渴慕，是引领他的祖国一同前行的努力，并且努力让祖国的法律与风俗到处直观到其更高更美的生命，祖国自身祥和幸福，自足完善，也就不知道这种努力。

326

听了上述这些讲话之后，你们也许会说，我显得完全是与你们一致的，我是从教会的目的概念出发建构教会，当我否定它现在表现出来的所有特性时，我同你们一样严厉地谴责了宗教的现存形态。但我向你们保证，我不是从所谓的教会应该是什么样出发的，而是从它现在是什么样出发的，如果你们不想否认的话，即使现在已经现实存在的教会，只是受空间所限才被阻止，在比较粗俗的眼光面前表现得也是不同的。真正的教会实际上永远都是如此，现在还是如此，如果你们不这样看待它的话，那责任真正说来在于你们，在于一种相当明显的误解。我请你们想一想，随便用一句古老的但很有意义的说法，我说过的不是争吵的教会，而是凯旋的教会；不是我们的时代和人

---

① 奥菲尔斯是希腊神话中的著名诗人，相传他从阿波罗那里得琴，从缪斯（Muse）那里学会了弹琴，使得野兽与树木无不为之迷倒。

类目前依然还在进行的，同反抗一切宗教教养进行斗争的教会，
而是你们已经反抗过的，被战胜了的和自身又建成了的教会。
我给你们阐述了一个人类的社会，它对宗教已经达到了意识，
生命的宗教观已经变成了主导观念之一，而且我希望你们相信，
人的生存必须靠教养和力量，但总是只有很少一些人能够拥有
这些，所以你们真的不必到成百上千人聚集的大庙宇里去寻求
他们的统一，他们的歌声已经从远方震撼了你们的耳朵，你们
自然明白，这种类型的人们相互之间是不可能靠得这样近的，　327
也许甚至只在个别的、被分化的、仿佛是被排挤出大教堂的一
些平庸之辈中，才能发现某种拥挤在一个特定空间中这样类似
的事情。但所有真正的宗教人士，确确实实有许多人，对这样
一种统一不只是具有信仰，而且具有一种活生生的情感，并真
正地生活在其中。他们对人们通常称之为教会的所有东西都特
别要按照他的价值，这就是说，恰恰评价得不是特别高。

　　由于你们严厉指责的（教会）真正说来只是与这种巨大联
合相关，同宗教人士的社会还是相距甚远，毋宁说只有那些寻
求宗教的人士才有一种统一，所以我很自然地发现，它几乎在
所有方面都与那个巨大联合相对立。可惜的是，为了让你们与
我一样对这件事明白了然，我将走到一大堆尘世世俗事物当中
去，必须经历最为异常的混乱迷宫。尽管对这样做不免有些反
感，但你们还是必须与我一致。也许我让你们注意到的这个完
全不同的社群形式，你们已经相信了我的看法。我希望，你们
从上述与我取得了一致的观点出发，即在真正的宗教社群中
所有的交流传播都是相互的，驱动我们说出自己真心话的原
则，同那种使我们倾心于与陌生人接触的原则，具有内在的亲
缘性，所以，作用和反作用是以密不可分的方式相互联系的。
在（通常的教会）这里你们相反地同时发现了一个完全不同的

形式：所有人都只愿意接受，只有一个人应该给予，完全被动地以同一种方式通过一切器官让所接受的一切在自身之内起作用，这样极大地增强自身的内功，使他们自身拥有许多强大的控制力，只是从不考虑对其他人的反作用。这不足以清楚地表明，他们的社群性原则也必定是完全不同的吗？当然在他们那里不能说，他们只是想通过其他的宗教来补充他们自己的宗教，因为实际上假如他们内心真有某种宗教的话，由于这是存在于本性中的东西，这种宗教当然就能以某种方式对他人表现出积极的作用。他们作不出反作用，因为他们无此能力，他们之所以无此能力，因为在他们内心没有宗教居留。如果我可以使用一个我最喜爱的形象说法，这是我从科学中借用到宗教事务中来的，那么我想说，他们是宗教的负极，现在大堆地涌向少有的几个点，在那里他们触摸到宗教的正极原则，以便与之统一。但他们把这个正极原则纳入自身，还是缺乏最大的电荷以确保新的生产。仿佛只能漂浮在他们空气中的精纯质料，对他们而言消隐不见，他们不时地重新落入某种空虚的感觉中，直到他们重新触摸到了自身是负极。

　　简而言之，这就是他们宗教生活的历史，以及贯穿于其中的这个社会倾向的性格。对他们而言，不是宗教，而只是一丁点宗教感和以可悲的方式想要达到宗教的一种费劲却又徒劳的努力，这就是一切，人们也能够承认，他们中最好的东西就是他们带着精神和热情而工作。在他们家庭生活和社会生活的行程中，在这个更大的舞台上（从舞台的活动而言他们都是观众），自然也会遇到许多必定会激发出一点有宗教感的东西。但这只是一种模糊的预感，一种对太软的物质的一种微弱的印象，其轮廓破碎得简直无法成型。这一切随即又被实际生活的浪潮卷走，流入最不可造访的记忆领地，在那里也随即被世俗事物完全淹没。不过，尽管如此，从这个小小刺激的经常重复中终于也产生了一种需求：模糊的现象在心中不断重复，最后必臻明朗。对此最好的办法，不过人们应该想到，就是人们要有点闲情逸致，泰然任之并仔细地观赏对他们发生作用的东西，而这个作用者就是宇宙，不过，在其他人当中作用者也都是所有的个别事物，在其生活的其余部分中他们想到的，他们必须与之打交道的都是这些个别的东西。出于古老的习惯，他们的感官好像不由自主地就只针对这些东西，崇高而无限的东西在他们的眼中将要再次被肢解为纯然个别的和鸡零狗碎的东西。有感如此，他们因此不再信任自己，而只寻求他人的帮助，他们想在他人描述的镜像中，直观到在他们的直接知觉中就会毁坏的东西。他们就是这样去寻找宗教，但最终误解了寻找宗教的整个努力。因为如果现在一个宗教人士所说的话唤醒了所有那些记忆，他们由于这些记忆的激发，与随后出现的一个更强烈印象结合起来，那么他们就以为，他们的需求得到了满足，这种满足是遵循了本性的暗示而出现的，他们现在在自身之内拥有了宗教本身，不过对他们而言，这种宗教只是恰恰如同从前只在一个更高程度上才能达到的一个外部的稍纵即逝的现象。他们始终还是陷于这种错觉，因为他们从真正有生命力的宗教中既未得到概念，也未得到直观，而只空怀终将达到公道的无谓盼望，千百次地重复着同样的努力，但始终在他们曾经所在和所是的地方原地踏步。一旦他们有进步，宗教在此道路上能够自动而有生机地为他们培植起来，那么他们就将立即离开那个教会，其片面性和被动性对于他们的状况而言，虽然也还能忍受，但之后不能长久地合适。他们至少在这种教会之外寻找另外一个团体，在这里他们的宗教对自身有积极的指向，在自身之外也能起作用，这种宗教必定立即成为他

330

117

们的主要活动和他们唯一的爱。进而言之，教会在宗教中增加得越多，事实上对众人也就越不关心，而虔敬者便越加挑剔它的傲慢与冷漠。实际上没有什么比这更加清楚了：人们之所以处在这种联合中，只是因为他们没有宗教，只当他们没有宗教时，他们才能这么长久地维持在这种联合中。但也正是从这种方式中显示出他们是如何对待宗教的。因为这也是成立的，假如在真正的宗教人士当中，真的可能有某种单方面的交流，某种自愿的被动听取和放弃表白，那么在他们公共的行为当中，除此之外却就完全充斥着最大的倒错性和对实事的全然无知了。假如他们对宗教有所了悟的话，那么，对他们而言主要的事情，那个把他们自为地变成宗教的感觉器官（Organ）的人，把他最清晰、最个体化的直观和感情传达给他们，但这是他们所不愿意的，相反，他们在一切方面为他的个体性表达设置了限制，他们渴望的是，他主要应该向他们摆明概念、观点和教义，总之，不是把宗教的真正要素作出这样一些抽象。假如他们对宗教有所了悟的话，那么他们就将从他们本真的情感中获知，我们已经说过的那些象征性的行为，对于真正的宗教社群是本质性的，就它们的本性而言不能是别的，无非就是作为凸显在一切结果中的平等的记号和向共同的中心返回的暗示性记号，无非是作为在所有个人单纯地和富于才艺地独唱心曲之后最全声倾情的结尾合唱：但他们对此全然不知，相反这些

331　　对他们而言都是某种自为的存在着的东西并纳入一些特定的时代。作为这种东西的结果是什么？他们公共的行动，没有什么自在地是从一种高尚而自由的完全属于宗教的灵感性格中发源的，而是带有一种小学生的机械模仿的腔调。而且这又指向了什么？作为指向，他们只想从外部传入宗教。这就是他们愿意采取一切手段加以尝试的东西。因此，他们紧紧攥住

那些僵死的概念，死守宗教反思的结果并贪婪地对此囫囵吞
枣，真希望这些东西在他们内心能返回到它们真正的发源之路
（Genesis），再次转变成活生生的直观和情感，宗教原本就是
从中而来。因此他们需要象征性的行为，在宗教的传播中，真
正说来，这是最终的东西，作为刺激手段，为了激发出对他们
而言必定是先前发生的事情。

　　如果同比较优秀的教会，即根据我的理念唯一真正的教会
相比较，我对这个更大更广的联合是很轻视的，只把它说成是
某种平庸而低下的东西，不过这是基于事情之本性的，我不能
隐瞒我对此的感觉，但我最为郑重地反对你们诚然可能怀有的
任何臆测，以为我赞同变得越来越普遍的意愿，宁愿全力剿毁
这种教会机构。非也，不过，如果真正的教会终将永远只对已
经拥有宗教的人士开放的话，那么，在已经拥有宗教的人士和
还在寻找宗教的人士之间却必定要有某种联结手段，这确实应
该有这种机构，所以按其本性它必须始终从前者当中取得其领
导者和教牧人员。难道宗教只应该是唯一的人类事务，在其中
就不能为了学生和学徒的需要而有机构吗？不过这种机构的　　332
整体布局必然是不同的，它与真正教会的关系获得了一个完全
不同的外貌。我不允许对此保持沉默。这些意愿和展望同宗教
的社群本性密切相关，而我所设想的事物的更好状况如此地招
致出它的光辉，使得我不可把我的预感封闭在自己的心中。这
至少能通过我们在两种教会之间确立的绝然区别获知，我们能
够非常平静而和睦地对在教会社会中流行的所有误用，并对其
原因一一作出反思。因为你们必须承认，宗教，由于它并没
有带来这样一个教会，所以对于教会所招致的任何灾祸的罪
责，对于教会也身处其中的扭曲状况的罪责，所有这些都必须
暂且无罪开释。完全无罪开释，就使得人们再也不能够责备它

了，那它就有某种腐化的可能。毕竟，在它根本不曾存在过的地方，也就根本不可能会被腐化。我承认，在这个社会中存在着一种可鄙的宗派精神，而且必然地必定存在。凡在宗教的意见为了达到宗教仿佛作为方法被运用之处，在这里却必须被带到一个特定的整体中，因为一种方法必须完全确定，而且必定也是有限的，凡是在它作为某种只能从外部被给予的东西，被采用为给予者的权威之处，每一个与之不同的思考者就不得不被视为平静而稳实之进步的捣乱分子，因为他通过他的单纯实存和能够与之相联系的种种要求而削弱了这种权威。我甚至承认，在古老的多神教中，宗教整体上不能自身统一，它自身愿意以各个部分分化地呈现出来，所以宗派精神远为温和与宽

333 厚，相反，只在系统化宗教的较好时代中，它才组织起来，表现出它的全部势力。因为在这里，每个人都信仰一个完整的系统和相信有一个中心，价值被铺设于每个人之上，不同性非常之大。这两点我都承认。但你们将要向我承认，宗教的前一种一般不会招致责备，后一种相反全然不能证明，将宇宙视为系统不是宗教的最高阶梯。我承认，在当今的社会中，相比于对直观和感觉的偏爱，更多地是偏爱理智或信仰，行动和风俗的成全，所以，宗教无论说其教义有多么开明，还是越来越靠近迷信的边界，摆脱不了任何一种神话学。但你们将承认，它只能离真正的宗教越来越远。我承认，如果在教牧人员和平信徒之间没有恒久的区别，这种联合将不能存在。因为谁要是迈入到自身能够是教牧人员的行列中来，这就是说他自身拥有了真正的宗教，那他就不可能再保持为平信徒，还要装作好像他从来就没有过宗教似的。毋宁说他就自由地和不由自主地舍弃了这个社会，寻求到了真正的教会。但确实要保持的是，同教会的一切不体面的事情，同一切能够属于它本身的罪恶后果分离

开来，所有这些不是由宗教引起的，相反，本身就是某种反宗教的东西（Irreligiöses）。

　　不过，正是在这里，我也听说你们作出了一种新的非难，似乎要把上述所有的指责重新加诸到宗教头上。你们将回想到，我自己说过，巨大的教会社会，我指的是宗教中的那个为学徒设立的机构，照事情的本性，必须从真正的教会成员中选取它的领导和教牧人员，因为在它自身当中缺乏宗教的真正原则。既然如此，你们将说，宗教的那些行家里手，在他们必须起主导作用的地方，在一切听到他们的声音，而他们本身只应该倾听宗教声音的地方，如何能够忍受如此之多的东西，甚至比忍受那应该是全然违背宗教精神的东西还要多？——因为教会的一切制度除了要归功于教牧人员之外还能归功于谁呢？——或者说，如果事情并非如其应然的样子，也许教牧们让下属的社会夺去了管理权，那么，我们能够合乎情理地在他们那里寻找到的高尚精神在哪里呢？他们为什么把他们最重要的机关管理得如此糟糕呢？为什么它忍受了低级情欲把那个在宗教的手中则保持为福分的东西变成了人类的一种灾祸呢？而他们，如你本身所承认的那样，对于每一个非常需要他们帮助的人而言，作为他们的指导，这必定是他们最快乐同时也是最神圣的本务。——不过遗憾的是，情况并非如我所主张的，是它的应然状况，所有人，在让那些人，当然也只是（会友的）最大部分，如此信服了自己之后，在管理过大教会社会的人当中也只不过是首创者和最高贵者，有谁愿说，他就是宗教的行家里手或者也只不过是真正教会的成员呢？我只请你们听取，我不得不说的这些话，是为了原谅他们，而不是为了某种奸诈的报复。当你们攻击宗教时，你们通常是以哲学的名义来干的，当你们非难教会时，你们是以国家的名义来说的。你们想要为所有时代的政治权术家（Künstler）辩护，说是因为教会的干涉，他们的艺术品才有这么多的不完善和伤痕累累之处。如果现在我以宗教行家的名义对他们说，他们的罪责在于他们不能把他们的本务做得更好，对国家和行政人员进行行之有效的制衡，你们不会嫌我搞鬼吧？尽管如此我还是希望，你们不能否认我说的是有道理的，只要你们听完了我所讲述的所有这些祸害的真正成因。

335

每一种新的学说和启示，每一种新的宇宙观，都在某一方面激发出对在这里迄今还不能把捉到的东西的感觉，它们也赢得了一些有宗教性情的人，对于他们而言这正是唯一的立足点，通过这一点他们才能被引导到一个新的和无限的世界，而且他们中的大多数人自然地也正是保持着这一核心的宗教观点，围绕着他们的师傅形成他们自己的学派，一个真正的和普遍的教会之分化出来的断片，它才静静地、慢慢地汲取到这个大整体的精神，迎来它成熟的统一。但是在取得这种成就之前，只要新的情感浸透并充满了他们的整个心灵，他们通常就受到一种强烈需要的驱使，把他们内心把捉到的东西说出来，而不致被内在的烈火烧毁。于是每个人都宣告在他身上已经发生了新的救恩，在哪里，是如何发生的，他们从每个对象上找到了向最新发现的无限的过渡，每句言语都变成了他们独特的宗教观点的标记，每个劝告，每种愿望，每句友善的言辞，无不变成了通向宗教庙宇之路的神灵活现的颂辞，他们作为唯一认识这条道路的人。明白宗教如何发挥作用的人，无不发现他们所说的一切都是自然的，不然的话他们害怕，石头也比他们强。[1] 而

---

① 此典出自《路加福音》第 19 章第 40 节："耶稣说：'我告诉你们，若是你们闭口不说话，这些石头必要呼叫起来。'"

且，凡明白一种新的热忱是如何发挥作用的人，无不发现这团活火自然地向四周熊熊蔓延，有些人被烧伤，许多人得到温暖，而千万人传播了一种内在狂热的表面假相。甚至千万人恰恰就是败坏者。新圣徒的青春火焰也认他们是真正的兄弟，"什么能阻挡，他们只是全然爽快地说，这帮兄弟也受了圣灵呢。"① 他们自以为接受了圣灵，于是以胜利者的喜悦昂然投入虔敬社会的怀中。但是，只要初期的激情陶醉已成过去，表面的火焰已经燃尽，那么他们就表现出，别人处身其中的状态，他们忍受不了，也不能参与其中，别人对他们也十分沮丧和同情，并且放弃了自己高级和内在的享受，为了再一次帮助他们，这样一切就接受了不完善的状态。这种江河日下，不是外因，而是由于所有人类事务共有的腐败，按照永恒的秩序，恰恰是最闪光、最活跃的生活也最快速地流入腐败，而真正教会的每个个别宗派，无论其在世界的哪个角落孤军突起，在其周围不是脱离了真正的教会，就是陷入一个虚假而恶化的教会，一起同流合污。在所有的时代，在所有的民族中，在所有的特殊宗教内，无不发生过这种现象。

336

但是，假如人们安然地让所有事情都这样自生自灭，那么无论在哪里，这种状况也不是不可能长久的。试把相互之间很少有内在吸引力的不同比重和密度的液体，倒进一个器皿内，剧烈地晃动它们，直到它们似乎相互融为一体了，那你们也将会看到，如果你们也只是安然地任由其自生自灭，一切是如何逐步地再次分化开来，而只有相同的东西才自相结合为相同的东西。所以，在教会这里也会发生这样的现象，因为这是事物

---

① 此典出自《使徒行传》第 10 章第 44、47 节："圣灵降在一切听道人身上……于是彼得说：'这些人既受了圣灵，与我们一样，谁能禁止用水给他们施洗呢？'"

自然的进程。真正的教会，为了享有令人信赖的高级社群，这是别的教会无力为之的事，会再次风平浪静地进行自身分化。别的教会联盟相互之间像是一盘散沙，它们的自然惰性不得不期待有某种外在的势力来决定，究竟什么应该从它们当中分化出去。但他们摆脱不了那种一盘散沙的状态，在它们之外谁有一点兴趣去多管闲事呢？它们的状况对别人还有什么吸引337 力呢？同他们一起还能得到什么，或者还有什么名誉可求呢？所以，真正的教会成员才不受干扰地保持其所拥有的，在一个新的组织得更好的形态中再次行使他们当中的牧师职务。每个教会成员，在其周围都聚集了那些恰好能够最好地理解他，能够按照他最通常的方式受他影响的人，而不是你们现在对其存在唉声叹气的那个庞大的联合体，能够形成一大批较小的、不定型的社会，在这样的教会中人们以相同的方式，时而在这里，时而在那里检视宗教，而逗留于其中，只不过是一个短暂的状态，它是为那些能够被激发出宗教感的人们准备的，这对于那些自身没有能力，以任何方式把捉到宗教的人是决定性的。

当你在自然的简朴道路上迷失了方向之后，你被人为地引向人类事物的彻底变革，这就是宗教的黄金时代！这时受召的那些人真是有福啊！诸神对他们真是恩典有加，对他们帮助初学道者，为未成年者铺设通往永恒圣殿的道路这些传教的辛劳，赐予了丰厚的福礼，而这些辛劳，在当今的逆境之下带给我的果实则是如此稀少！诚然这是一个俗气的愿望，但我几乎不会拒绝它。不过，但愿国家的一切首脑，一切政治的行家里手和权谋人士对宗教永远保持陌生，哪怕最遥远的一点模糊感觉也没有！如果他们不把他们的个体性有意识地同他们的职业和他们的公共性格分离，那么，但愿他们绝不会被那个

传染性的热情的暴力把捉到！因为这对我们而言，能够成为
一切腐败的源泉。为什么他们必须把狭隘的虚荣心和令人惊
讶的黑暗带到圣者的聚会呢？为什么他们所能传播的好东西，
到处都无区别地就是某种重要的东西呢？为什么他们必须把
对圣所执事们的敬畏，带离圣所，带回到他们的宫殿和官厅
呢？你们有此愿望是对的，一个牧师道袍的镶边绝不愿意拖
到一个国王寝宫的地板上，但让我们只愿：红衣主教的紫袍从
不愿拖起祭坛的尘土粉末。假如后者不会发生，那前者也不会
跟着出现。是呀，人们从不让一个诸侯进庙宇，除非他先在殿
门口卸下他最美的皇服饰品，以及一切他所宠爱的丰饶角和荣
耀的象征！可是他们佩戴了这些，他们误以为，天国建筑物
的单纯的高贵，能够用尘世辉煌的残砖破瓦来装饰，他们没有
献上圣洁的虔心，却留下了世俗的礼物作为供奉至高至尊者的
圣礼。

　　一个君王经常宣布一个教会为一个法人团体（Korpora-
tion），一个有其自己特权的社团，一个在市民世界有声望的人
格，而这不会产生别的，无非就是已经出现了的那种不幸的状
况，有信仰者的社会和渴望有信仰者的社会，真的和假的，这
些随即就将永远被分离开来的东西，已经混合起来了，因为
不如此，一个宗教社会绝不会大到足以引起统治者关注的地
步——一个君王经常地，我说，让自己被诱使到一切行为中最
危险、最腐败的行动上，这就不可挽回地决定和引导了这个教
会的腐败。这样一种制度化行为的政治生存，如同可怕的美
杜莎的头（Medusenhaupt）对宗教社会的影响，一旦它出现，
万物变作石头。一切并不相关，只是瞬间曾相互纠结在一起
的东西，如今成为相互不可分离的锁链了；一切偶然相关的东
西，本可轻易脱离关系，现在却被永远固定化了。衣服本来就

338

339　是从一整块布中剪切下来才合身，而每个不恰当褶皱就像是永远的伤疤。更大的不公的社会，现在不再让自身与更高级的和更小的社会分离，可是这似乎是必须被分离的；它既不让自身分化，也不让解散；无论是其形式，还是其信条，都不再能够改变；它的见解，它的习俗，一切都该死地僵化了，胶着在现在正处在的状态中。但这还不是一切：一同被包含在这个大一统的社会之中的真正教会的成员，从现在开始，被排除在这个社会的权力之外，任何对其政府管理权的参与都靠边站，少数尚可效力之事，还是只能被人代劳。因为现在有更多的事务需要教会去管理，超过了它所能和所愿管理的。世俗事物现在也需要去处理和操心，而且如果它同时也擅长家庭和市民事务的话，那么，它就不会把它们当作牧师职务上的事情来处理了。这是一个矛盾，一个尚未进入他们的感觉中，但他们绝不能与之和解的矛盾。它同宗教和宗教社群性的高级而纯粹的概念不一致。无论是为了他们所属的真正教会，还是为了他们应该领导的更大的社会，他们都没有把握，他们现在应该拿什么来处置好他们取得的房屋和土地，以及他们能够占有的财产，什么能够有助于实现这些东西的目的。他们都不知所措，被超自然的状态迷惑了。现在大家同时被这些事情诱引进来，否则就将永远置身事外了。如果这些曾经只是对所有自负的人、贪心的人，野心家和阴谋家才感兴趣的事，现在挤进了教会，挤进了他们的共同体中，否则他们就感受到苦闷不堪，无聊之极，如果这些人现在为了获得世俗的报酬，才开始参悟神圣事物，假

340　装对之有所了悟，那么那些真正教会的成员，怎该受他们的支配呢？如果俗不可耐的人们占据了神圣内行的位置，一切都在他们的监视之下才可确立起来，潜移默化地成了最为常见的反宗教精神的东西，那么这种罪责谁来承担呢？除了国

家以其被错误理解的宽宏大度来承担之外，还有别人吗？可是，以一种更直接的方式，国家倒是真正的教会和外在的宗教社会之间的联盟解体的原因。因为，在国家向教会施予了罪恶的恩赐之后，它就以为它有权得到教会对它的自动感恩，而教会借机就换来了三件最重要事情的委任。它或多或少委任了教会关心和监视教育的事；它愿意在教会的主持下，以一个教区为形式，向国民教授那些不能写进法律的义务，灌输道德的信念；并且它要求借助宗教的力量和教会的传教，使它的公民真诚地对它说话。作为对它所要求的这些劳务的报酬，于是就剥脱了教会的自由——在文明世界的几乎每个角落，凡是有国家和教会存在的所有地方，无不是如此——国家把教会作为它所设立和建造的机关，唯有它才有权决定，谁有本事在这个社会中作为模范和牧师出人头地。如果全然不存在圣洁的心灵，尽管如此你们还想要求于宗教吗？但我还没有说完我的控诉：国家把它的利益渗透到宗教社会的最内在秘密之中，从而玷污了宗教社会的纯洁。当教会庄严肃穆地将新生的婴儿奉献给神，追求至高无上者时，国家马上就想乘势从教会手中接过来，放入它命令保护的名册中；当教会给予成长中的青少年以兄弟般的第一吻时，这时他们才第一次 〔341〕将目光投向宗教圣地，而对国家而言，也把这作为他们达到了公民独立性最初程度的证据。当教会本着团契的虔诚愿望，为两个人的结合举办圣礼，借此将他们变成宇宙造化的工具，而这同时要得到国家的批准，以为了他们的公民联盟；甚至一个人从此世的舞台上逝世了这件事本身，国家也宁可不信，直到教会要向它保证，教会已将此人的灵魂交回了无限，并将他的尸体封存到了神圣大地的怀抱。当国家从无限性的手中接受了某种东西，或者把某种东西重新交给无限时，它每次都这样对宗教及其虔敬者鞠躬，表现对宗教的敬畏，并表示要努力永远保持对其自身局限的意识，但仅这一切就促成了宗教社会的腐败，这是足够清楚的了。现在在国家的所有建制中，没有任何东西是仅仅与宗教相关的，或者说，在其中宗教哪怕只不过是主要事务也好，无论是在神圣的说教和教训中，还是在充满神秘的象征行为中，一切都充满着道德的和政治的关系，背离了它们本来的目的和概念。所以，在宗教领袖当中，有许多人对宗教一窍不通，在宗教成员中，许多人从来感觉不到宗教，也不想寻求宗教。

一个这种事情会在其中发生的社会，一个以谦恭之心去接受它所遇到的毫无用处的恩赐的社会，一个以奴颜婢膝的心甘情愿承受将其堕入腐败的重压的社会，一个就这样被异己的权力所玩弄的社会，一个让天赋于它的自由和独立性被扭曲为一

342 种空洞的假相的社会，一个为了尾随于完全与它不相关的事物而放弃它那高贵而崇高的目的的社会，不可能是那些有特定的追求并明确地知道他们想要什么的人们的社会，我想，就已让我们看得清清楚楚了；而对教会社会现状的这一简短的提示，我想，最好地证明了它不是宗教人士的真正社会，它最多只是混杂了真正宗教社会的一些元素而已，它积压了太多的异己成分，使得整体为了消化这些无穷腐败的最初原料，不得已陷入了疾病的发作状态，在此状态中少量的健康部分很快就完全潜逃了。假如真正的教会真有完全神圣的傲骨，就要拒绝那些它所不能使用的礼物，它当然知道，那些找到了神灵并为此共怀喜乐的会友们，在这个他们只想表现和分享他们最内在此在的纯粹社群当中，真正说来，实在没有什么共同的财产必须借助于某种世俗的权力来保护，在世上他们除了需要一种语言以相互了解，除了需要一点空间以共聚一处之外，再不需要别的什

么了。而对于这两样东西，他们既不需要君王，也不需要君王的恩赐。

但是，如果应该存在一个中介机构，真正的教会借助于它才能同世俗世界有所接触，而直接地则什么也做不成，那么，这个机构仿佛就是一种氛围，真正的教会通过它来净化自己并且也通过它引出和形成自在的新材料：这个社会究竟应该是什么样的，究竟该如何从这个已经被植入其机体内部的腐败中解脱出来呢？后一个问题要留给时间来回答：对于所有必定只曾发生过次把的病，存在着千百种不同的方法，而对于人类的所有疾病存在着多种多样的医治方式，每一种各在其所地被试用，以达到其各自目标。只有这个目标才允许我指明，为了越来越清楚地向你们表明，即便在这里，你们的不满也不应该发泄到宗教及其过去所做的努力上。 343

这里真正的主要概念不过是这个：对于那些在某种程度上对宗教有感觉，但由于宗教在他们内心还没有爆发出来，没有达到意识的人来说，就还没有能力被归属于真正的教会，有意地把许多宗教表明给他们看，好使他们把宗教素质必然地开发出来。让我们看看，在目前的状况下，究竟什么阻碍了此事不能实现。我不愿再一次地回忆起，国家现在按照它的愿望所选出的那些人，在这个社会中都是领导者和教师——我只是不乐意使用这个词中所没有的东西，对宗教活动也不合适——这些人的目标，更多地是推动国家与这个机构相联系的一些额外的事。这些人能够是最有理智的教育家和很纯粹的杰出道德家，但就是对宗教一窍不通，所以，国家在这个机构数列出来的它最看重的仆人当中，有许多人简直完全是缺乏宗教感的。我愿假定，国家扶植起来的所有人，假如真的都是宗教中的行家里手的话，那么你们却要承认，要不是在这些学徒中具备某种相同的预备知识的话，没有哪个艺术家能够把他的艺术传给一个有一定成就的学生。可是，在每门艺术中，学生通过训练而取得进步，教师主要是通过批评而有用，而在宗教中必然更难做到这一点，因为师傅除了指示和表达之外什么也不能做。在这里，牧师的工作如果不是不仅对于大家同样是可理解的，而且也是适宜的和有救赎效果的，那就必定是徒劳的。所以，神圣

344 的演说家必须得到他们的听众，而且按照能力和感觉方式的某种类似性进行分类，而不是像按照古老的配给法那样，所有人都算给他，也不是如同他们家的房屋鳞次栉比地排列着，或者如同他们在警察局的名册上那样以系列和环节录入。但是让那些人也只是这样集聚在一个师傅的门下，即便他们同样接近于宗教，却不是以同样的方式接近的，而且最令人反感的是，要把随便一个学徒限制于一个特定的师傅的门下，因为没有任何人在宗教中能够达到这样一种似乎炉火纯青的程度，使每一个来到他门下的学徒，通过他的表达和言语，把他们隐而不露的宗教萌芽开显到日光之下。因为宗教的领域简直太广阔无垠，包罗万象。请你们也回想一下不同的路向，人们在这些道路上从对有限之物的直观过渡到对无限的直观，因此他的宗教才获得了一种独有的和实定的性格；请你们想一想千差万别的样态，在这些变换着的样式中宇宙才能被直观到，想一想千万种个别的直观及其不同的方式，如何能够被组合在一起，以便相互之间彼此照耀。请设想一下，每个寻求宗教的人，他们必须拿适合于他的素质和他的立场的特定形式去迎合宗教，如果他的宗教因此确实被激发出来了，那你们将发现，将每一种素质和每一个人全都变成每个师傅所需要的东西，这对任何师傅而言都必定是不可能的，因为一个人不可能同时是神秘主义者，科学的神学学者和神圣的艺术家，不可能既是一神论者，又是

泛神论者，不可能既在预言、见异象和祷告方面是大师，同时
在历史和经验的表述方面和其他许多别的方面也是大师；假如
这是可能的话，那么除非一切都将——算作牧师艺术的天上大
树配给于辉煌枝干上的它的王冠。师傅和门徒相互之间必须以
完满的自由来寻求，并且容许选择，否则，一个对于另一个就
是失望的。每个人都必须容许寻找对他有益的东西，无人可以
强求别人付出比他已有和已理解的东西更多。但是，如果每个
人也只是应该教导他已理解了的东西，那么，他甚至也不能，
一旦他同时的话，我指的是在同一种行为当中，还该作出某种
不同的行为来。对此可能是不成问题的，就是说，一个教牧人
员在表达他的宗教时，非常热诚地并以艺术恰如其分地来表达
它，是不是他同时也能诚实地并非常完满地传达出某种市民的
事务。所以，如果事情正好如此碰巧，那么，那个从事教牧
职业的人为什么不该同时容许他也是效忠于国家的道德家呢？
与此是全然不对立的：只是他必须让两者并行不悖（nebenein-
ander），而不可使两者相混和庞杂（in-und durcheinander），他
不必同时身兼两种本来不同的本性，不应该一箭双雕，一举两
得。假如这样好好地向国家解释清楚了，它也满意于一种宗教
的道德，但宗教不承认任何道德化的先知和牧师；凡欲宣彰宗
教者，必使之纯粹。

　　如果一个真正的牧师在如此可鄙和不确定的条件下想参与
国事，他就同一个资深行家的所有气节背道而驰。如果另一些
艺术家被雇佣，为了让他们的才华得到更好的培育或者为了吸
引来学生，国家要使他们放弃一切额外的事务，专心于他们获
得的本务，它要告诫他们，在他们艺术的独特部分要致力于一
流，并相信他们在这方面能够作出最大的成就，让他们的天才
在这里得到完全自由的释放。只有对宗教的艺术家，国家的做

345

法就刚好相反。他们应该统括他们对象的完整领域，在这里国家还指定他们应该从属于哪个教派，并把不恰当的重负压在他们肩上。或者也给予他们一些空闲，去特别进修一下宗教的某些个别的部分，相信他们也能够为此而竭尽全力，并赦免所有别的事务，或者，在国家为了自身建立了它的道德教育机构之后，不过在前一种情况下它必做的事，它同样也要让他们尽心尽性地为了自己去做，而压根儿不关心教牧工作在他的领域内完成，因为对它而言，这些工作就像某些别的艺术和学科一样，对国家而言，既不中看，也不中用。所以，废除教会和国家之间所有的这种关系吧！——这是我至死不渝的加图（M. P. Cato）① 式警世格言，或者我要一直活到亲眼见到这种关系被摧毁为止。——废除平信徒和信徒之间的一切封闭关系，或者哪怕只是被视为自身之中和相互之间的这种类似的封闭关系都废除吧！反正学徒不应该组成团体，人们在机械的组织和缪斯的弟子身上，很少见到什么有益的团体；但牧师，我认为作为教牧人员也不应该在自身之中形成哥们义气，无论他们的事务还是他们的学识都不应该按照行会来分担，而是应该无我地关怀他人，无论亲疏远近，这事那事，每个人都做他的本务；而且在教师与会友之间，据说也没有固定的联盟。按照真正教会的原理，教牧在世间的传道乃是一件私人事务；而神殿也应当是一间私室，在这里他的话语高亢，为的是说出宗教。在他前面的应该是聚会的听众，而不应该是一个团体；他

① 加图（或译"卡图"，公元前 234 年—公元前 149 年），古罗马军人兼政治家，曾任风纪检查官，一般称为"老加图"；还有一位罗马斯多亚派哲学家、政治家，老加图的曾孙，称为"小加图"。这位风纪检察官加图在跟腐化堕落和希腊化的生活方式的斗争中，以他果断的雷厉风行的风格为古罗马的风俗确立了一个名义。

应该是愿意聆听的大众的一个演说家，而不是一个特定牧群的牧人。

　　只有在这种条件下，真正的牧师心灵才能接受那些寻求宗教的人；只有这样，这种预备的联系才能现实地达到宗教，使自身作为真正教会的一个附属，作为真正教会的一个前庭，而将受到重视，因为只有这样，在其现在形式中一切不圣洁和反宗教的东西，才能自我消逝。通过选择、承认和判断的普遍自由，教牧人员和平信徒之间僵硬而截然的区分大为缓和了，直到较好的平信徒能够达到同时就是教牧人员的地步。一切由不圣洁的象征性联盟捆绑起来的东西就分崩离析，各自消散了，如果再也没有一点这种形式的联合了，如果再也没有人为寻求宗教的人提供一个宗教的系统，而是每个人都只有宗教的一个部分，这是一次根除这种胡闹的唯一手段。早期的一个并不高明的权宜之计，只不过是把教会——也是为了在一切意义的这种最坏意义上使用这个词——切除：它本性上是一块息肉，从它的每一块当中都能再次长出一个整体，如果这个概念同宗教精神相抵触的话，那么更多的个体就丝毫不比较少的个体更好。外在的宗教社会，只是由于它变成了流动着的，不成型的物质，每一部分时而在这里时而又流向了那里，一切都和平相处，混合共杂在一起，才被带往真正宗教的普遍自由和高尚统一的近旁。引发仇恨的宗派精神和改宗精神，越来越远离宗教的本质，只有通过将它从属于一个特定的团体，而别的信徒从属于别的团体，而又没有人能够更多地感觉得到，这时才能被消灭。

　　你们看到，关于这个社会我们的愿望是完全一致的，那冒犯了你们的东西，也是我们的障碍，不过只是——请允许我永远这样说——假如人们只允许我们做我们真正分内的事情的

347

话，那么事情就根本不会恢复正常。我们共同的兴趣就是，要再次切除国家和教会的一切联系。但这在我们当中如何达到呢？是否也只是像在邻国那样经历一次翻天覆地的动荡？① 或者，国家是否通过一种平和的协议，就把它同教会的错误联姻解除，而避免把两者置于死地而重生？还是，它是否只是忍耐，紧接着出现另一个处女般的教会出卖给它？我不知道。但直到这类事情中的某一个确实在发生，所有神圣的心灵将屈服于一个无情的命运，也要被宗教的狂热所渗透，在世俗世界的更大范围内表现其至圣的心，某事才因此而成。但愿这些已被接纳到受国家庇护的秩序中的人不被诱骗，为了其心灵的最内在愿望，好好地盘算一下他们在这种关系中以他们的言辞还能起到某种作用的事情。他们想提防，不断地，或者也只是经常地，谈论宗教，以及生搬硬套地与在隆重的聚会上全然不同地谈论宗教，以便不要变得不忠实于他们的道德使命，对此他们已经老练成熟了。但人们不得不容许他们这样，他们能够借着一个牧师的生活来宣扬宗教，据称这是他们的安慰和最美的报酬。在一个圣洁的人格上，一切都是有意义的，在一个公认的宗教牧师身上，一切都具有一种教规的（kanonisch）含义。所以他们想把宗教的本质表现在它们的所有运动上，也丝毫不想让一种虔敬意义的表达失落和毁灭在一种平常的生活关系中。他们以神圣的内在性处理一切事务，表明，即便在一个世俗的心灵轻率地加以忽略的繁琐小事上，在他们的内心也能鸣响起高尚情感的乐音，无论大事还是小事，他们都能以庄严的平静平等对待，证明他们把万物与不变者相联系，以同样的方式洞见出万物中的神性。他们带着开朗的笑声走过过去的每

---

① 暗示法国大革命。

个踪迹，启示每个人，如何让他们的生命逾越时间，逾越此世。最精明洒脱的自我否定暗示，他们多大程度上已经取消了个人性的局限；他们永远活跃而开放的感官不回避最稀罕和最平常的东西表明，他们如何不知疲倦地寻求宇宙并倾听它的声音。如果他们的整个生活及其内在形象与外在形象的每个运动 349
都是一个牧师的艺术品，那么也许通过这个无声的语言，可以激发出某些人对于深居内心东西的感觉。但他们不满足于只是表达出宗教的本质，他们同样也要戳穿关于宗教的虚伪假相，以儿童的天真，以完全无意识的高度淳朴去观看它，相信没有危险，无需勇气，超越一切以虚假的神性灵光包裹起来的恶劣成见和精致的迷信，这时，他们无忧无虑，如同幼小的赫尔库勒斯（Herkules），① 任凭巨大的毁谤之蛇丝丝作响地缠绕，同样能够悄无声息地在瞬间将它们拧死。他们想献身于这个神圣的事务直到更好的时代，我想，你们自身也将敬畏这种平实的尊严和善良，并预告它们对众人的影响。但是，因为他们不以特定的方式念完全部学科的规定内容，你们拒绝给予他们牧师的道袍，我该对他们说什么呢？我以宗教强烈的社会欲望（Trieb），当这种本能不仅指向高级教会，而且也指向教会之外的世界，该把他们指向何方呢？由于他们缺乏一个更大的舞台，让他们能够出色地表现，他们也就让自己满足于以牧师的职责侍奉他们家庭的诸神。一个家庭，可能是宇宙最有教养

---

① 赫尔库勒斯，或赫拉克勒斯（Herakles）为宙斯以安菲特律翁（Amphitkryon）的形象与其妻子阿尔克墨涅（Alkmene）所生。嫉妒的赫拉（Hera）想害死赫尔库勒斯和他的孪生兄弟伊菲克勒斯（Iphikles），这是安菲特律翁在同一个晚上同阿尔克墨涅所生的，所以在他出生之后赫拉送去两条能致人于死地的巨蛇。赫尔库勒斯（一般所称的大力神）拧死了这两条蛇。

的要素和最忠诚的形象。只要万物沉静有力地相互交错，这里也要竭尽全力使无限者生灵活现；只要万物温和确实地进步，高贵的世界精神在这里就如同在那里一样得到高扬。只要爱的声音伴随一切运动，宗教在自身之中就具有这种氛围的音乐。

350 他们想培养、安顿和培植这个圣所，他们想清楚而明确地以伦理的力量树立它，以爱和精神解释它，所以，他们当中的某些人将在狭小而隐蔽的住所中学习直观宇宙，他们将成为一个至圣所，在其中某些人将感受到宗教的奉献。这样的教牧就是圣洁与童真的史前世界（Vorwelt）中最早的教牧，如果没有别的更多必要的话，他们就将是最后的教牧。

是的，我们期待在我们人为教养的终点是这样的一个时代，在那里除了虔敬的天下一家（Häuslichkeit）之外，不需要别的教养为宗教社会做准备。当今，两个社会的千百万人和一切阶层都在机械而又无价值的劳动压力下呻吟。老一代郁闷而屈从，以可恕的惰性任凭年轻一代几乎将万事委诸于偶然。唯一不偶然的，是他们不得不同样地模仿和学习同样的自卑。这就是原因，他们为什么不能获得我们唯有以此找到宇宙的自由而开放的眼光。除了我们不得不是自己的奴隶之外，没有别的是宗教的更大障碍。因为每一个人不得不做必定受僵死的势力作用的事情，就是一个奴隶。我们寄希望于科学和艺术的完善，它们会让这些僵死的势力效力于我们，让物体世界和一切让自身受精神感动的东西，变成一个仙女宫，在这里，大地之神只需说出一句咒语，只需按一下羽毛，只要应该发生什么，他就提供什么。只有在此时每个人才是一个自由的新生儿（Freigeborener），之后，每个生命既是实践的，同时也是冥想的，工头的棍棒才不落到谁的身上，而且，每个人都有安宁和闲暇，在自身中观看世界。只有对于不幸者，他们缺乏这些，他们的机能无力，他们的筋骨必须不停地消耗在他的工作上，所以才必须要有个别的幸运者出场，将他们会聚起来，以作他们的眼，在飞逝的数秒之内将一个生命的直观传达给他们。在此幸福的时刻，只要每个人能够练习并自由地使用他们的感官，在更高力量最初觉醒的时候，在圣洁的青春时期，在父辈智慧的照顾之下，每个人都有能力参与宗教。随之一切单方面的传道停止，得到酬报的父亲陪伴着有力的儿子，不仅进入到快乐的世界和快活的生活，也直接进入到崇拜永恒的神圣的、数量更加丰富、更加活跃的聚会。

　　只要这个更好的时代曾经来过，也不管它现在还有多么遥远，也无论你们的岁月为引领这个时代的到来付出了多少辛劳，作出了什么贡献，在这种感激的情感中，请允许我还要再一次促使你们注意到你们工作的这个美丽果实。请你们还要再一次参加到真正的宗教性情者的崇高团契中来，虽然现在这种团契分散在各处，几乎不可见，但它的精神却在到处——也还只有少数地方能以神的名义聚会——起着支配作用。那还有什么不该让你们充满惊叹与尊重呢，你们这些一切美与善的朋友和崇拜者！他们相互之间是教牧的一个学院。对他们至高无上的宗教，他们当中的每个人都作为艺术和学业（Studium）来对待，从它的无限财富中，宗教分配给他们每个人以自身的一份。对于在他们内心属于神圣领域的一切东西，每个人都同普遍感相连，如同艺术家应有的样子，追求在任何一个个别部分中自我完善。高尚的竞赛统驭一切，要求每个人馈赠某种对这样一种聚会有价值的东西，以忠诚和勤勉吸收一切被划定为他的领域中的东西。这就是在纯洁的心中守护的，以合群的性情规整的，为天尊的艺术所装饰和完善的东西，而且这样就以每一种方式，从任何的源泉发出对无限者赞美和认识的回响，

351

352

这时每个人都以喜悦的心情带来他的感觉和直观，他的理解和情感的最成熟的果实。他们同契共道，都是朋友间的一个合唱队。每个人都明白，他也是宇宙的一个部分和一个作品，宇宙也在他的心中启示出它的神性作用和生命。所以他把自身视为其余的人值得重视的一个直观对象。他把宇宙的联系放在我心之中知觉，人性的要素在他心中本真地塑造，一切都被发现带有圣洁的羞涩，但也带有心甘情愿的坦露（Offenheit），好让每个人进入观看。那么相互之间为什么也应该有某种隐蔽呢？一切人性的东西都是神圣的，因为一切都是神的。——它们同契共道，是一个兄弟联盟——或者你们对于它们本性的完全融合不也有一个更为内在的说法，不是鉴于存在与意愿（Wollen），却是鉴于感觉与理解吗？每个人越是接近宇宙，每个人也就越多地与他人心心相通；他们越是融为一体，就没有人只有自我的意识，每个人同时也有他人的意识，他们不再只是众人，而且也是人类，而且他们走出自我之外，超越自我之外，凯旋般地迈向真正不朽和永恒的大道。

如果你们在人生的另一个领域，或者在另一个智能学派，发现了更加崇高的东西，那就请告诉我，我所发现的已经给你们了。

第五讲　论诸宗教

　　沉浸在直观宇宙中的人，对你们大家而言，必定是一个尊重和敬畏的对象；任谁只要能对那种状况稍微有所理解，在想到处于那种状况的人的时候就会抱以这样的情感。这是毫无疑问的。你们会蔑视每个轻率地让其心灵完全被琐细小事充满的人，但你们要想小看将最伟大的东西纳入心胸并从它汲取营养的人，那将是徒劳的。你们对每个人是爱还是恨，要视他在活动与教养的狭道上究竟与你们携手共进，还是背道而驰来定，但在基于平等地位之人中的至美情感也将不能在你们当中维系，这种情感只能同那些远比你们高尚的人们相关，他们作为宇宙的观察者也站立在所有不能同他处在同样状态的人们之上。你们这些最有智慧的人这样说，哪怕你们不情愿，你们也必须尊重有德性的人，他们按照伦理本性的法则，力求以无限者的要求看待对有限者的规定。但是，哪怕你们真有可能鉴于有限力量与无限使命的冲突，发现德行本身中有某种令人可笑的东西，你们却依然不能拒绝尊重和敬畏敞开心胸以直观宇宙的人，这样的人远离一切争论与冲突，超越一切业力，为宇宙

354　的影响所贯穿，并与之融为一体，如果你们在人之此在的这个珍贵时刻观察他，他也会把天光一尘不染地反投到你们身上。

　　而我从宗教内核中向你们阐明的宗教理念，是否也使你们产生了某种敬意，这种敬意由于你们遵从错误之观念，在意偶然之事物，也常常被你们拒绝；我对我们一切内在素质同通常赋予我们本性以卓越和神圣的东西之关系的思考，是否也激起了你们更为内在地考察我们的存在与变化；你们是否采取了我给你们指出过的更高立场，处在那个被非常错误地看待的、更加崇高的精英人物的团体中，在这里每个人都毫不重视其任意的荣誉，最内在属性的独有财富及其秘密，而是自愿地放弃它们，为了把自身直观为永恒的、塑造一切的世界精神的一个作品；你们在宗教中现在是否钦佩会社性这个至圣所，它比每个尘世的联合体更高，比道德性情者最温情的朋友联盟更神圣；所以，整个宗教是否迷住了你们以至崇拜它的无限性，崇拜它的神力；对于这一切我都不问你们，因为我确信，这个对象一旦获得解放，就有力量作用于你们。但现在，我要着手处理一个新的对象，要战胜一个新的抵抗。我愿把你们慢慢地引向那已成肉身的上帝；我愿给你们指明，宗教如何放下它的无限性，通常以低微的姿态出现在人们当中。[①] 你们应该在各种宗教中发现宗教，在总是尘世化地、不纯粹地出现在你们面前的东西中，发现宗教具有天尊之美的个别特征，我试图模仿它的形象。

　　只要你们将目光投向事物的目前状况，在这里，教会和宗
355　教多种多样，几乎到处都显得是一同出现，它们的派别也几乎

---

　　① 参见《约翰福音》第 1 章第 14 节："道成了肉身，住在我们中间，充满了恩典和真理。我们也见过他的荣光，正是父独生子的荣光。"

是不可分离地连在一起的；在这里，教义体系（Lehrgebäude）和信条（Glaubenbekenntnisse）就像教会和宗教群体一样多。所以，这让你们易被误导，相信所谓我对教会的多样性同时也对宗教的多样性所作出的判断；但你们在这里面完全误解了我的看法。我诅咒过教会的多样性；但我恰恰是从事物的本性出发表明，在教会里要撤除所有的藩篱，取消所有实定的派别，一切都应该不仅按照精神及其分享，而且按照现实的关系而成一个不可分割的整体。所以，我到处都假定了宗教的多样性及其最殊异的差别性作为某种必然而不可避免的东西。因为，为什么内在的、真正的教会应该是一体呢？这是为了每个可以直观到并且被告知别的，他不可能作为自己的宗教来直观的，从而会被认为完全不同于他自己的宗教的宗教。为什么外在的和所谓非本真的教会也应该是一体？这是为了每个人能够找得到相对于在他内心沉睡着的宗教萌芽是一模一样的宗教形态，这种宗教萌芽因此就要以某种实定的方式存在，因为它只有通过同样的实定方式被孕育和唤醒。以这些宗教现象也不能只是指某种宗教的补充部分，单纯按照数目和大小是不同的，好像只要人们把它们组合起来，就构成了一个千篇一律而又完善了的整体似的；因为那样一来，每个人在他的自然进步中似乎就要出离自己本身，而达到那个属于别人的整体了。他要是让自身传播的宗教，以它自身的流变变得与宗教本身同一该有多好，而教会，按照现存的看法，对于每个宗教人士而言，表现为同所有信徒之不可或缺的同契，这似乎只是一个混杂的机构，通过其自身的作用本身只会越来越快地再次散伙的机构，而我对这样的教会却从未设想过也绝不愿意阐述它。所以我假定了宗教的多样性，同时我认为这种多样性是基于宗教之本质的。

356

每个人都极易明白，没有人能完全占有宗教。因为人有限，而宗教无限；但宗教不可以按照有多少人而部分地分割给人们，相反，它在每个表现里都必定是有机的，各个表现之间多有区别这对于你们也不会陌生。只请你们回想我已经提请你们注意的宗教之诸多阶段，就是说，宗教是把宇宙视为一个整体者的宗教，而不能只是那个仅在表面相互对立之元素中直观宇宙的人之观点的单纯继续，而且以此人的立足点，对于这个还只是把宇宙视为一个混沌不分之表象的人，不可再以他的方法达到宗教。现在，你们要是愿意把这些差异性称之为宗教的不同类型或者程度，那你们就必须承认，无论何处，只要有这些派系存在，通常也就有个体存在。每个只在其表现中才分殊和分化的无限力量，也在独特而互异的形态中启示自身。所以，宗教之多样性与教会之多样性相比，有某些全然不同之地方。不过，教会的多样性只是一个唯一个体的片段，它为知解力全然规定为一，只对感性表达才无法达到其统一性。把为这些个别片段所感动者视为特别的个体，永远都只是一个误解，这个误解必定是基于一个外来原则的影响。但宗教无论就其概

357 念和其本质，还是对于知解力而言，都是一种无限的和不可限量的东西（Unermeβliches），这样它就必须具有一种内在的原则，将自身个体化，因为否则它就根本不能有其定在并被知觉到。所以，宗教在其中启示自身的一些有限而实定之形式的无限数量，我们必须预先假设并探寻之，并且我们必须看到，我们是在哪里找到的，我们所主张的这样一种形式是什么，每种宗教派别究竟是如何分化的，按照这个原则是否是建设性的，然后我们必须弄清它该阐述的实定概念，既不管它隐藏在何种奇怪的包装之下，也不论它如何受到了永不消逝东西留下的暂时影响以及众人肮脏之手多大程度上的歪曲。你们不只是一般

地想要有一个宗教概念，假如你们满足于这样一种不完善的认识，这简直就是无关紧要的；你们也愿意在其现实性及其现象中理解宗教，那你们就要把这些现象本身同宗教一起视为世界精神的一个向着无限进展的作品；这样，你们就必须放弃只想存在一种宗教这个虚幻又徒劳的愿望，抛掉你们对宗教多样性的敌意，尽可能撇开任何成见地走向已经在不断变化的形态以及也在这些形态中伴随人类进步的历程从宇宙之永恒丰富的母腹中发展出来的一切宗教。

　　你们把这些现存的、实定的宗教表现称作实证宗教（Positive Religionen），它们在此名称下长久以来已经成为一个完全首要的被憎恶的对象；相反，在对宗教的所有敌意上，你们一般地还是有程度之别的，对人们所称的自然宗教（die natürliche Religion），你们总是轻易地容忍，甚至对之表达过尊重。当我直言不讳地大声斥责这种优越性时，我毫不犹豫地允许你们马上看出我的观念之核心，鉴于所有一般地拥有宗教并假装爱它的人，竟然宣称自然宗教具有优越性，那就是最粗鄙的前后不符和最显而易见的自相矛盾。出于这些理由，如果我能将其发展，你们确实将会为之鼓掌的。那些一般反感宗教的人，与你们相反，我发现，作出这种区分总是很自然的。所谓的自然宗教通常是很文雅的，具有哲学与道德之风格，以致它很少浸染宗教的真正性格。它懂得规规矩矩地生活，懂得自我限制和适应，以至于到处左右逢源。反之，所有实证宗教无不具有强硬特征和很显著的相貌，以致在它每一次发动的运动中，在人们投向它的每个目光上，都能不可或缺地回想到它真正是什么。如果这就是你们厌恶宗教的真正的和内在的原因，好像这就是唯一合乎事物本身的原因一样，那你们现在一定要抛开这些，好让我们不再为此争吵了。因为如果你们现在如我所希望的那

358

样，对宗教一般地下个较准确的判断，如果你们洞见到，在人心之中有某种特别的和高贵的素质为宗教奠定了基础，结果也就如它自身所表现出来的那样，它在人心中就被发育了。这样，你们看到宗教在其中已经实际地出现过的实定形态，当然就不会反感了，相反，只要宗教的特有性质和特征越多地能被培植起来，你们必定就会越来越喜爱你们观察到的这些宗教了。

但是，这种理由你们是不承认的，你们也许将把你们通常一般地习惯于加给宗教的一切陈旧的非难，现在转投到一些具体的宗教身上并断言，正是在你们称作宗教实证性的东西中，必定存在着永远引起这些非难并要重新加以辩护的因素。你们将否认，实证宗教能够是真正宗教的表现。你们将使我注意到，它们如何同所有——按照我自己的说法——不是宗教的东西完全无区别，所以，腐败的原则必定会深入到它们的机制之中。你们将提醒我要记得，宗教中的每一个如何单单宣称自己是真正的宗教，宣称只有它本有的特性才至高无上；它们如何恰恰就是通过都应该尽可能多地做超出自身之外的事，就像是通过某种本质性的东西而相互区别开来一样；它们如何完全违反真正宗教的本性进行证明，反驳和争论，据称不过就是以艺术的武器和理智的武器或者还有比较奇怪和下作的武器；你们将补充说，你们现在，由于你们重视宗教并承认它是某种重要的东西，你们将允许朝一切方面，以最多元的方式把最大的自由普遍培植起来，所以，你们必定只是越来越激烈地仇恨宗教的一些实定形式，所有信奉这些固定在同样形象上的实定宗教形式的人，则遵循他们自己的本性收回了这些宗教的自由，并以人为的限制强制它们；在所有这些点上，你们将全力向我赞美自然宗教强于实证宗教的优越性。

我还要再一次表明，我不想否认（实证宗教中）有这些扭

曲，我对你们对这些实证宗教感到反感也没有任何异议。是
的，我承认在它们中存在许多大家都怨恨的堕落和向另一个异
己领域的离经叛道。宗教本身越神圣，我就越不想粉饰它的腐
败，赞赏它的畸形。但请你们不妨先丢开这些毕竟也还有片面
性的看法，随我进入另一个观点。试想这些腐败究竟有多少可
以归咎于是宗教从内心深处取出而带到市民世界中来的，要承
认，无限的东西一旦采取一个不完善的和有限的外壳，沉沦于
时间领域和有限事物普遍的相互作用领域，以使自身从属于它
们，许多东西到处就是不可避免的。但是，不论这些腐败在它
们当中如何地根深蒂固，也不管它们究竟可能遭受到了多么沉
重的创伤，你们还是要考虑到，真正的宗教观是适合于所有事
物的，在我们视为平庸而低下的东西中也找得到神圣、真实和
永恒的每种踪迹，哪怕这些踪迹最为微弱也还是值得崇拜的；
你们要考虑，为什么恰恰是这个不具备观察优势的东西，具有
最合理的要求，对之进行宗教考察？但你们将远远不只是发
现某些神迹。我邀请你们来考察每一种人们信奉过的信仰，每
一种有特定名称和性格的宗教，尽管它们也许早就退化为一连
串空洞的习俗，蜕化为抽象概念和理论体系。如果你们在其源
头，按照它们原始的组成部分来探究它们，你们将发现，所有
这些僵死的残渣曾经都是从内心涌流而出的通红燃烧着的圣
火，它蕴含在所有的宗教之中，正如我已经给你们阐述的那
样，或多或少都是同一种宗教真正本质的流露；每一种宗教都
曾是永恒而无限的宗教在有限而褊狭的存在者中不得不必然采
取的一个形象。因此，你们在这个无限的混沌中彷徨摸索并非
没有危险——我必须放弃带领你们在这个混沌中按部就班地和
完整地摸索，因为那是一生的研究事业，而非一篇谈话所能完
成的工作——所以，为了不被一些平庸的概念所误导，你们要

360

361　按照一个正确的标准来衡量具体宗教的真正内容和本真本质，按照确定而坚固的理念把内在东西与外表之物，固有东西与借来之物和外来东西，神圣和世俗，截然分开；这样就可忘却那些被当作每种具体宗教最初的东西和你们所赋予它们的特征，寻求从内在出发才可达到的宗教之一般理念，真正地把它构成为宗教的一个特定形式之本质。这样，你们就将发现，恰恰是实证宗教才是无限的宗教把自身表现在有限中所采取的形象，根本不能要求自然宗教是某种类似的东西，它只不过是一个不确定的、单薄而贫乏的观念，绝不能够真正地为了自身而实存。你们将发现，只有在实证宗教中，宗教素质的真正个体化之培养才是可能的，而且它们，按其本质，绝不会损害信徒们的自由。

　　为什么我假定了，宗教只有在无限多的完全确定的形式中才能完整地被给予呢？只是由于我在谈论宗教的本质时所说到的那些原因。因为每一种对无限的直观是完全自为地存在的，不依赖于其他，结果必然也没有其他。因为对于直观而言，许多东西都是无限的，在无限的直观本身中根本就没有理由，为什么它们是这样而不是别样地应该同其他东西相关联，尽管如此每一个的表现是完全不同的，只要它是从一个完全不同的观点出发来看的，或者与一个不同的观点相联系，那么，整个宗教就不可能以别的样态实存，除非以这种方式才能存在的每个直观的不同观点被现实地给予出来。这不可能与在无限多的不同形式中有所不同，其每一个在直观中都是被这种关系的不同原则所规定的，在它们当中每个同样的对象都有完全不

362　同的样态，就是说，它们总而言之都是真正的个体。现在，这些个体是由什么来规定，因什么而相互区别呢？在它们的组成部分中什么是共通的东西，什么东西把它们联合起来，或者

说，它们遵循的是什么样的联系原则呢？我们根据什么断定，一个被给予的宗教规定必须属于某个个体？

之所以这不能是宗教的一个实定形式，是因为它只是包含了一定数量的某种宗教素材。——这正是对一些具体宗教之本质的完全误解，这种误解大量地在其信徒本身中传播，成为导致宗教衰败的原因。他们恰好有这个意思，因为毕竟有这么多人倾心于同一种宗教，那么好像他们也就真有同样的宗教观和宗教感，同样的看法和信仰似的，而且正是这种共通的东西必定就是他们宗教的本质了。一种宗教的真正特性和个体，到处都不是轻易能够肯定地发觉的，如果人们只是从个别的要素中进行抽象的话。但在个别要素中，概念也是这么笼统，至少却是能够存在的。你们大概也相信，实证宗教所以对于个别人自由地培养他自己的宗教，是有害的，因为它们要求有一定总量的宗教直观和情感，排除其他的，你们就是这样处在错误中。个别的直观和情感，如你们所知，是宗教的要素，这些要素只从数量上来看，正如它的许许多多名义上的要素一样，就只是某种现成的东西（vorhanden），是不可能让我们把握到一个宗教个体之特性的。所以，如果宗教必须个体化，是因为同每种直观区别开来的观点都可能要视它同其他直观之联系而定，不过，这对我们而言，似乎以它们当中许多这样一些排除性的综合，根本派不上什么用场，通过这种综合甚至没有哪个宗教得到了可能的界定。而且，如果实证宗教只有通过这样一种排除相互区别的话，那么它们就不会是我们所寻求的个体化表现了。但就这事实上不是它的特性而言，由此得出的结论是，因为从这个观点出发不可能达到关于实证宗教的一个实定的概念，那么这个观点对于它们必须成为基础才行，因为否则它们很快就会相互交融了。我们算作宗教本质的东西，在对宇宙不

363

同的直观和情感之间不存在确定的内在关系，每一个别的直观和情感都是自为地存在的，通过千百次偶然的联合才可能导向每个其他的直观和情感。所以，在每个人的宗教中，就如同宗教在他的生活历程中形成一样，没有什么比他有一定总量的宗教素材更加偶然的了。个别的观点能够蒙蔽他，而其他的观点能够启发他，让他变得明白，从这方面看，他的宗教总是变动不居的。所以，这个变动不居的东西在有越来越多共通性的宗教中，根本不可能是固定的和本质性的东西。但由于太偶然，太稀奇古怪了，也必定是不合适的，更多的人也就只能顺势而为，待在有一定共同性观点的圈子里，在有同样情感的道路上迈进。所以，即便在有确定的宗教之人当中，对什么属于、什么不属于共同的本质，也有持续的争论。他们不知道，把什么确立为宗教之固有和必然的东西，把什么作为任意的和偶然的东西应该舍弃，他们找不到一个立足点，他们由此出发可以俯视整体，他们不理解他们本身生活于其中的宗教现象，他们不知道他们站在何方，做了什么，稀里糊涂地为之争吵，这就助长了宗教的衰退。但是他们并不理解的本能，却比理智更为正确地引导他们，结合本性，将他们错误的反思和基于错误反思之上的行为和活动加以清除。谁把一种特殊宗教的特性建立在一定量的直观和情感中，就不得不必然地假定有一种内在和客观的关系，恰恰是它把这些直观和情感相互连接起来而把所有别的排除在外，这种妄想正是与宗教精神完全对立的体系癖者和拉帮结派者的原则。而他们试图以此方式形成的整体，却不会真是我们所要寻求的整体，因此，宗教不可能在所有直观和情感的部分中获得一种确定的形象，相反，它倒是从无限中断然截取的一个条块，不是宗教，而是一个宗派，这个最反宗教的概念，才是人们在宗教领域里可能要实现的东西。

364

但是，宇宙所带来的和实际现成的那些形式，也不完全都是这种类型。如今，所有的宗派行为，无论是思辨上的，为了把一些个别的直观带入一种哲学关系，还是修行上的，为了强行纳入一个体系和情感的某种特定的传承（Sukzession）关系，都是为了使所有条块上具有的宗教成分，达到尽可能完善的千篇一律。而且，只要对于还没有被这种狂躁（Wut）传染的人，哪怕他们确实不乏这种行动，也还是绝不可能达到把任何一个实证宗教带到那种完善状态中去这一目标的，那你们就要承认，这些实证宗教，尽管它们也曾可能会产生那种状况，尽管还存在着对它们的那种攻击，它们却是按照一个不同的原则形成的，必定具有一种不同的性格。甚至，只要你们想到产生这些宗教的时代，那你们还能更清楚地洞见到这一点。因为你们将记得，每一实证宗教在它们形成和繁荣的时期，它们特有的生命力散发出最青春亮丽的色彩，最清新活泼的干劲，因此也能被最确实地认识到，它们自身在一个完全对立的方向中运动，不是内敛于自身之中，不是从自身之中把许多东西加以裁剪，而是向外生长，不断催生出新的枝叶，把越来越多的宗教素材内化于自身，根据它们的特殊本性自我养成。所以，实证宗教不是按照前面的那个错误原则形成的，那个原则与它们的本性不合，是一种从外部潜入的腐败，正由于此原则如此敌视实证宗教，如同敌视一般的宗教精神一样，那么实证宗教对这个总是处在战争状态的原则的关系，与其说可能反驳了不如说是证明了实证宗教就是我们所寻求的宗教的个体表现。

我迄今一直使你们注意宗教中的一般差异性，也不足以产生一个完全的和作为一个个体规定的宗教形式。前面屡被提及的三种直观宇宙的类型，即把宇宙直观为混沌，直观为体系，和在其基本的多样性中直观它，远不是三种个别的和实定的宗

365

教。你们将明白，如果有人划分一个概念，想不断相分，直至无限，那么这样绝不能够达到一个个体，而永远只能达到比它们当中所能包含的普遍性更少普遍性的概念，只能以类和科目的方式再次把握为自身中的一堆极为不同的个体。但是，为了发现个别东西本身的特性，我们必须从普遍概念和它的特征出发。而宗教中的那三种差别性不是别的，无非就是作为对直观概念的一种通常的和到处重新获得的划分。所以，它们是宗教的类型，而不是实定的宗教形式。我们所以寻求这一宗教个体的需要，也根本不能因宗教以这三种方式存在而得到满足。诚然，一些个别的直观在每一个类型中都有一个固有的特性，所以，每一个实定的宗教形式必须被视为这种类型中的一种，但不同的直观相对之间的一种固有关系和状态绝不能仅仅通过类型来确定，而且这样来看，按照这种划分一切还像从前那样同样是无限的，也同样是明晰的。

也许还有更多的假相，有人说，宗教中的位格论（Personalismus）和与之对立的泛神论（Pantheistische）的表象方式，给予了我们两个这样的个体宗教形式。但这也只不过是假相而已。这两种表现方式甚至是贯穿于所有三种宗教类型中的，因此之故就不能是个体，因为一个个体是不可能把三种不同的特殊性格统一在自身之中的。但在更准确地考察时，你们必定也能看到，通过这两种表现方式同样也没有把实定的关系给予更多的宗教直观。是的，假如一个位格神的理念真的就是一个个别的宗教直观的话，那么，位格论岂不在三种宗教类型的每一个中都是一个完全确定的形式了，因为所有的宗教素材在它之中都与这个理念联系起来了。但它究竟是哪一个呢？这个理念是使某种实定的有限东西在我内心产生的对宇宙的一个个别直观，对宇宙的一个个别印象？而与之对立的泛神论，难道也必定是关于宇宙的一个个别直观吗？难道真的有两种确实确定的宗教从中产生出来的知觉吗？这种看法能在哪里被指明呢？所以，必定存在着什么宗教也不会是的相互对立的一些个别的宗教直观。这两种表现方式根本也不是宇宙在有限之物中的不同的直观，不是宗教的元素，而是不同的直观类型，宇宙借此在有限之物中被直观到，同时又被视为个体，因为一个对它有一种独特的意识，另一个则没有。宗教的一切个别元素，鉴于它们相互的状况，同样都是不确定的，而且许多 367 宗教观点中没有那一个点凭借它所伴随的这个想法或另一个想法而被现实化（为一个宗教）。就像你们到处都能见到的那样，在有某种宗教表现同时还应该是纯粹自然神论表现的地方，你们就将发现，在这里一切直观和情感，特别是——存在着某个一切都习惯于在此氛围里围绕它旋转的一个中心点——对于个别的人性变动及其在超出其任意之外的东西中的统一性的直观，在这种关系中，相互之间都完全漂浮在不确定性与模糊性之中。所以，位格论和泛神论这两种宗教表现方式，同样只是比较笼统的形式，它们的领域只应该以个体的和确定的东西来揣摩，而且，如果你们把它们同三种直观类型中的一种具体联系起来，通过这种方式来限定它们的领域，那么，这些从整体之不同的划分根据中综合起来的形式，只不过就是次级的分类，而绝不是完全确定的和封闭的整体。无论自然主义（Naturalismus）——我把它理解为基本上是多种多样的宇宙观，没有关于位格意识和个别元素之意志的观念——还是泛神论，无论多神论还是自然神论，都不是我们所要寻求的个别的和实定的宗教，而只是一些类型，甚至有许多真正的宗教个体已经从这个领域中发展出来了，并且还将从中发展出更多的宗教个体来。——但要看到，泛神论和自然神论不是确定的宗教形式，才能给你们的自然宗教指明它恰如其分的地位，只是我们应该清楚，它完全不是我们所寻求的宗教个体。

总而言之，我要说的是，如同我们所寻求的一个宗教个体，不能以别的方式产生出来，唯有通过把某一个出于自由任意的个别的宇宙直观，——它毕竟不能以其他方式产生，因为每一种宇宙直观都好像有同样的要求似的——构成为整个宗教的中心点，而且其中的一切都与它关联起来。借此，立刻就会产生出一种确定的精神和整体中的一种共同性格。从前模糊而不确定的东西都确定了，万事万物都能有的和应该会表现出来的关于个别元素的无限多的观点和关系，通过每一种这样的形式化完全现实化为一个整体。一切个别的元素现在都从一个同名（gleichnamige）的方面得到表现，从一切都可返回于它的那个中心点得到表现，一切情感都因此获得了一个共同的心声，相互内在地变得更加生动有力。只有在一切直观和情感的这个整体中，按照这种结构，一切可能的形式才能够现实地被给予，变成一个完整的宗教。所以，宗教也只在一个无限的传承中，表现出不断新陈代谢的形态，只有在这种形式的一个形态中，才有助于将某个形态变成宗教的完满表现。每一种这样的宗教形态，才是一种真正的实证宗教，无论在哪里一切被看见和感觉到的东西都与一种中心直观相联系，无论在哪里形成，也不论它如何形成，且不管是什么永远就是这个所谓的直观受到偏爱。在与整体的关系中它是一个异端（Häresis）——这是一个应该重新恢复其荣誉的词——因为某种最为任意性的东西就是它形成的原因；它顾及到了一切参与者的共同体及其同首先建立了其宗教的教主的关系，因为教主他首先看到了那个直观处在宗教的中心，看到了自己的流派和门徒（Jüngerschaft）。进而言之，如果只在这些确定的形式中并只通过这些确定的形式，宗教才被表达出来，那么，也只有那个带着他的宗教在这样一些实证宗教中安居的人，才真正具有一个固定的住所和——我这样说——在宗教世界中的一种有效的公民权，只有他，才能自夸为整体的实存和变化作出了某种贡献；只有他，才是一个性格沉稳、特征明确的真正宗教位格。

369

但是，你们将会特别惊慌失措地问，难道每个人在其宗教中都必须要有一种直观是主导性的，属于现存的诸多宗教形式中的一种吗？非也；但在他的宗教中必须有一种直观是主导性的，否则他的宗教就一无是处。我不是已经讲过和说过两种或三种实定的形态，它们应该保持为唯一的宗教吗？无数的宗教确实应该从所有的点上发展出来，对于不能适应于任何一种现存宗教的人，我想说，他也没有能力造出宗教本身，假如宗教还没有实存的话。这个人确实也就不属于现存宗教中的哪一个，而是搞出了一个新的。因此他独有此教，没有门徒：这也无妨。永远实存并到处实存的萌芽，还不能够达到扩散传播的程度，但它确实实存着，它的宗教确实也这样实存着，并同样有一个实定的形态和组织，这也同样是一种真正的实证宗教，好像他创建了最大的流派似的。你们看到，这些现存的宗教形式无人因其早期的实存而阻止任何人适合其本性和感觉地从中自我培育一种宗教。他是安居在一种现存的宗教中还是建立一个自己的宗教，这自然取决于，宇宙的哪一种直观首先以适当的活力把捉到他。那些不能穿透内心的模糊预感，未被认识就立即消逝了，即使也经常地和更早地在每个人周围漂荡过，人们愿意从道听途说中加以领会，但没有建立起什么联系，它们也就绝不是什么个体性的东西。但是，如果对于某人宇宙的感觉突然启发他获得了一种明晰的意识，达到了一种长久确定的直观，那么，他就会把一切与此直观联系起来，一切都围绕这

370　个直观来形成，他的宗教也就因此际会而确定了。我希望，你们不会说，某种自然的东西或者遗传而来的东西能有什么影响，你们也将不会认为，如果宗教处在一个已经有越来越多的人聚会的地方，所以，一个人所拥有的宗教就少些独特性，少些属于他自身的东西。但是，如果在他之前、同时和之后的成千上万之人，他们的宗教生活开始于同样的直观，那么宗教生活不就在所有人当中是一样的，宗教在所有人身上形成的也是同样的吗？不过请你们记住，在宗教的每个实定形式中，对于同样的观点和与一种已经成型的实证宗教的关系，不只是具有一种有限的直观，而是有大量完整的无限的直观，这不就为每一个人提供了足够的活动空间了吗？我真不知道，究竟已有哪个宗教做到了占有它的整个领域，以及按照它的精神来规定一切和表达一切。只有极少数人才受到恩典，在其自由和更好的生活时代中，在中心点的近旁切实得到了发展和完善。要收的庄稼多，做工的人却少。① 在宗教的每一种之中都能开辟出无限的田野，成千上万的人愿意分布其中。未开垦的土地充足地呈现在每一个有能力创造和生产某种本己东西的人的眼前，圣洁的花朵吐露出芳香，迷人的光彩溢满全园，还没有人是被迫到了那里，为观赏和享受宗教。

　　但你们的非难是没有什么根据的，好像在一个实证宗教之内人就不再能够发展出属于他自己的宗教似的，正如你们刚才已经看到的那样，人不仅能够让宗教充满每一个空间，而且恰恰也就是在此限度内，人能进到一个实证宗教中。出于同样的理由，他自己的宗教还在另一种意义上不仅能够是一个特别的个体，而且也将是由自身形成的。请再一次观察这个崇高的契

371

---

　　① 《马太福音》第 9 章第 37 节。

机吧，人一般地首先就是以此契机而进入宗教领域的。首次确定的宗教观，是通过这样一种力量闯入其心灵的，即由于一种独一无二的刺激使他的感官为宇宙激起了活力，从此开始就一直保持在活跃状态，也就这样规定了他的宗教；宗教就是并一直保持是他的基础—直观（Fundamental-Anschauung），他让一切在与这种基础直观的联系中被看见，这就能预先规定，宗教的每个因素，只要他知觉到了，对他而言就不得不表现在某种形态中。这就是这个契机的客观方面；但你们也要看到主观的方面：就像通过这个契机在顾及宇宙整体时他的宗教得到确定一样，在此意义上也使得他的宗教属于一个顾及无限整体的全然独立的个体，不过，却只是作为这个整体的一个不确定的碎片，因为只有把许许多多的碎片统一起来，它才能表现为整体：所以通过这一契机他的宗教性也因顾及到人类无限的宗教禀赋而作为一个完全本己的和新的个体被带到世上。因此，这一契机也就同时是他生命中的一个规定点，一个他所完全独有的精神活动系列的环节，一个事件，如同每个别的事件一样，同之前、现今和之后处在一种特定的关联中；而且由于这个之前和现今在每个人之中都是个别的，是某种完全属己的东西，那么这个之后也是如此。由于他整个后来的生命都同这个契机，同他的心灵为之惊讶的这个状态，同他更早所欠缺的意识的关系联系在一起，仿佛就是以发生学的方式从中发展出来的一样：所以，这在每一个人当中都是个别的，有一个本己的，完全特定的人格性，也就如同他自己的人生一样。如此一来，当一个无限意识的部分落成了，当它作为一个无限的东西同一个在有机革命系列中的特定契机联系起来了，一个新人就形成了，这是一个真正的灵物，其特殊此在的形成不依赖于他的事件和行为的杂多性与客观性，是在继续延续并在那个第一契机

372

就连接上了的意识的统一性中，并在每个后来者同一个特定的先行者的固有关系中，在这个先行者对后来者之教养的影响上形成的：因此也是在一种确定的宇宙意识在那个契机中兴起时形成的，一个本己的宗教生命就此诞生了；所谓本己的，不是由于最终限于直观和情感的某种特殊数目和选项，不是由于在其中出现了他同大家共同具有的宗教素材的性质，具有这种素材的人们在宗教的同一时间和同一区域赋有灵性而被诞生，而是通过他不能共同具有的东西，通过某种状态的持续影响，在此状态中他的心灵首先能为宇宙所欢迎和拥抱，通过他如何观察宇宙和对之进行反思加工的真正方式，通过性格和情调，他的宗教观点和情感随之出现的整个系列都在此之内得到规定，而绝不会丧失自身，在此之后，他在这种宇宙直观中也远远地超出他的宗教最早的童年所呈现给他的东西。就像每个有文化的有限存在者证明他的精神本性和他的个体性，是通过使你们追溯到无限东西和有限东西的那种联姻作为对它的追本溯源，即追溯到那个不可把握的事实，超出这个之外，你们就不能再继续追踪有限东西的系列了，在这里，如果你们想要从某个之前的东西出发来说明的话，你们的幻想就拒绝你们说，它是任性或者本性；同样，你们恐怕不得不承认每个人有一个独有的精神生命，他向你们指明了一个同样不可把握的事实作为其宗373 教个体性的证据，就像在有限和个别的东西中间，对无限东西和整体东西的意识一下子就向他爆发出来了一样。对于每个这样说明其精神生命之生日并能够从他宗教的起源讲述某种奇迹故事的人而言，他的宗教作为神性的一种直接发展表现为其精神的一种激动，你们为此必定也看到了，它是某种本己的东西，某种特殊的东西应该用它来言说：因为这样就不会发生在宗教王国产生一个空洞的仿造品这样的事了。而且就像每个以那种方式被理解的东西只从自身出发来说明，而绝不能完全被理解那样，假如你们没有尽可能地追溯到最早时间中的任性的第一表现的话，那么，每个人的宗教人格也就是一个封闭的整体，你们的理解是基于你们试图探究它最早的一些启示。

因此我也相信，对实证宗教的通盘控诉，你们并不是认真的；这不过只是一个拍拍脑袋事先想好的概念：因为你们对于实事，哪怕按理是应该操心的事，都太不经心了。诚然，你们从来也感受不到一种召唤，要去依偎你们也许能够看得见的少数宗教人士——尽管他们总是有足够的吸引力并值得爱戴——以便用友谊的显微镜或者更加接近的认识，至少是类似于你们亲眼所见的认识，更加切实地探究，他们是如何能够为了宇宙并通过宇宙而组织起来的。

就我来说，我是勤奋地考察过他们的，像你们醉心于大自然的奇山异水那样，我辛苦地找寻他们，同样以圣洁的细心观察他们，我经常想到的是，这是不是就已经能够将你们引向宗教了，即只要你们哪怕关注一下，上帝如何全能地将他偏爱居住其中的灵魂部分——他在其中以他的直接作用启示自身并直观自身——也作为他们的至圣所完全本己地建造起来，同通常在人类当中被建造和培养起来的所有东西相分离，以及他如何在其中凭借宗教形式的永不枯竭的多样性，在其整个财富中荣耀自身。至少，我总是对这个居民如此稀少的宗教领域竟有许多值得注意的文化（Bildungen），一再新奇地感到惊叹，惊叹于它们如何凭借对同一对象之刺激而构成的最为殊异的不同等级的感受性而相互区别开来，并凭借他们当中受到影响的最大区别，凭借对这种或那种感觉方式具有绝对优势而产生的情调的多样性，凭借对形形色色的可刺激性的强烈厌恶和情调的属己性，每个人随即就有了他本己的情境，在此情境中事物的宗

374

教观优先地主宰着他。进而言之，我惊叹于人的宗教性格如何在人当中简直时常地就是某种完全本己性的东西，同在他的其余禀赋中发现的所有东西简直完全不同；最宁静、最清醒的心灵，如何在这里简直就是最强健有力的心灵，能够有类似情绪的狂热爆发；对于庸常的尘世事物最迟钝的感觉力如何在这里深沉地感觉到，直至感觉到悲哀，明晰地看见，直至看得迷狂，看出泄露的天机（Weissagung）；在所有尘世事务中最胆小腼腆的人如何也敢于大声言说神圣事物，直到为此殉身以让神圣事物贯穿于世界和时代。而且，我惊叹于这种宗教性格如何屡次神奇地被形成和产生，教养和野性，能量和局限，柔情与坚硬，如何在每一个人身上都以一种本己的方式相互融合、内在交织。

我在哪里看见了这一切呢？在真正的宗教领域中，在宗教的确定形式中，在你们作为对立面加以诋毁的实证宗教中，在一个特定信仰的英雄们和殉道者当中，在热衷于特定情感的人当中，在敬重一个特定的光明和种种个体性启示者当中，在这里我愿意对所有时代和在所有民族当中向你们指明这一切。这也不是为了别的，而只是在这里才能够遇见这一切。就像没有人作为个体能够生存，而不同时通过同样的行动也被置于一个世界，一种特定的秩序，事物和具体的对象中；所以也不能要求一个宗教人士回到他的个体性，因为凭借同样的行动他自身也居于某种特定的宗教形式中。两者是同一个契机的作用，而且一个与另一个是不能被分离的。如果一个人对宇宙的原始直观，不足以有力地使自己本身达到其宗教的核心，以便让一切都在它之内运作，那么，它的刺激作用也不足以强大到得以引导一个本己的和强健的宗教生活过程的地步。

现在我要给你们了结这笔账了，不过也还是要请你们告诉我，在你们夸赞的自然宗教中，这种个人教养的精进和个体化状况究竟如何？因为你们指示我看到的却是，在它的信徒当中，强烈显著的性格竟然也有如此巨大的多样性！毕竟我不得不承认，我自己在他们当中是决无可能发觉这种多样性的，而且，当你们夸赞，自然宗教为它的追随者提供了更多的自由，按照自己的感觉在宗教上自我造就时，那我也全然不能把它设想为别的东西，就像人们经常地如此使用的这个词那样，自由无非就是保持不被教化，即自由只是免于任何强迫（Nö-tigung）地去是，去看，去感受一般地随便某个有规定的东西。不过，宗教在他们心中只起到一种简直是太微薄的作用。好像它根本就没有自己的脉搏，没有自己的血管系统，没有自己的循环，因此也没有自己的热情，没有自为的同化力，并且没有性格似的；它到处都同它的伦理性和它自然的感受性结合在一起；受这些东西的牵绊，或者毋宁说对这些东西的谦恭顺从，使它的动作迟钝而节制，只是偶尔同它们拉开一点距离而成为其定在的标志。

376

　　尽管我曾遇见过某些值得尊重而遒劲的宗教性格，实证宗教的信徒，无不对这种现象感到过惊奇，他们为一个自然宗教的信徒兜售过这种性格，在清楚地观察之之后，自然宗教的人却不再认他们为其同类；自然宗教的人总是已经同理性宗教本源的纯粹性发生某种偏离，而且有某些任意性和权威性的东西纳入他的宗教中来了，只是他识认不了这种东西而已，因为这是与他认信的东西很不相同的。为什么他们同样不信任每一个把某种本己性的东西带入他的宗教中来的人呢？原因也就是他们想要千篇一律——只是我所指的那些分裂的小教派，在另一面上是与之对立的极端——一律陷入无规定。

　　所以，在自然宗教中很少能想到某种特殊的个人教养的精进，就是它的最真正的崇拜者也不曾想到，人的宗教会有一种本身的历史，应该开始于一个值得纪念的事件（Denk-würdigkeit）。这对他们而言已经是（要求）太多了：因为适度（Mäßigkeit）就是其宗教的主旨。谁要是明白，宣称某种东西是从自身出发而说的，那就马上招致恶名，说他已有成为可恶的狂热分子的端倪。渐渐地，当人变得聪明和理智了，一切都与他应该是的全然不同了，就该变成宗教的了；在自然宗教这里必定没有任何东西能被视为超自然的，哪怕只是被视为特别的也没有。我不愿说，在我看来是由于课程和教育使一切应该存在的东西受到嫌疑，似乎自然宗教完全主要地就是从一种（与哲学和道德）混合的祸患中堕落的，甚至已经变成哲学和道德了。但清楚的是，它不是从任何一种鲜活的直观出发的，也不存在其确定的中心，因为它根本不知道自身中的任何东西，不知道人从哪里出发以一种本己的方式才能被把握到。对人格神的信仰，他们本身就知道，这不是对宇宙在有限东西中的一个特定的具体直观的结果；因此他们也不问，有此信仰的人，他是如何达到这种信仰的；相反，就像它想要向此人示范（demonstrieren）此信仰一样，它也以为，此信仰必定能为所有人明示出来（andemonstrieren）。否则，它要是真有一个不同的和更加确定的中心，你们即便想要指明这一点也就难了。他们的这种贫乏而浅薄的宗教所能包含的那一点点东西，就其自身而言既不确定也很含糊：它有一种笼统的天意，一种一般正义，一种大概的神的教育；所有这些直观它时而在这种透视中见到，时而相对地在那种短焦中看出，时而对这些有效，时而又对那些有效；或者，如果在其中的一个点上碰到了一个共同的关联，那么这个点却又处在宗教之外，进而言之，这就是与某种异己东西的一种关联，伦理若要与这种东西相关确实不会受到阻碍，以便使追求幸福的冲动获得一些食粮：真正的宗

377

教人士在构造其宗教元素时从不置问之的事物（Dinge）；他们贫瘠的宗教产业，因之会更加分散和凌乱。

所以，对于他们的宗教直观，它缺乏一种统一而确定的观点，这种自然宗教，因此它也没有确定的形式，不是宗教本身的一个个体性表达，认信它的那些人，在其王国内没有固定的居所，无非都是异乡客，他们的家乡，如果有的话，我对此怀疑，必定也在别处。在我看来，自然宗教就像漂浮在宇宙体系之间的星尘，稀薄而消散，这里被甲所吸引，那里被乙拉扯去一点，但就是缺乏足够强大的东西，把它卷入它的漩涡中。它为何如此，恐怕只有诸神知道。但它毕竟存在，以便指明，不确定的东西以某种方式也能够实存。但真正说来却只不过是对实存的一种期待，它不能以别的方式达到实存，除非一种强大势力比它迄今为止和以别的方式所把握到的任何一种势力都要强大。我向你们承认的，不可能更多于模糊的预感，这些预感作为活生生的直观发生的预兆，为人们显露出他的宗教生命。某些莫名其妙的激动和表象，根本与一个人的人格无关，却仿佛仅只充满于人们之间的空地，在所有人当中恰恰千篇一律地就是同一个东西，那这就是他们的宗教。它最高就是自然宗教，是在这种意义上说的：就像有人通常也说到自然哲学和自然之诗那样，给质朴的本能表达冠以这个名称，好让它与艺术和教养相区别。但它不曾达到更好，重视更高也只在感觉中，却未能达到，相反它们使出全力与之对抗。

真正说来，自然宗教的本质，在于对宗教中一切实定东西和独特东西的否定，在于最激烈地与之论战。因此，自然宗教也是受尊敬的时代之作，这个时代的癖好就是一种可怜的普遍性和一种空洞的清醒，这癖好比万事万物中的随便哪个都更加阻碍真正的教养。他们主要仇恨两类东西：他们在任何地方都

378

绝不愿意开始于超常的东西和不可把握的东西，而他们也还乐于为之的，那么就应该是在任何地方都不让人尝出一个学派的味道。这就是你们在所有艺术和科学中看得见的衰败。这种衰败也渗透到宗教中来了，其作品就是这个内容空洞又无形式的东西。他们也想是宗教中的土著（Autochthonen）和自修者（Autodidakten）；但他们只有土著身上的粗野和无教养：要想创造出独特本己的东西来，他们既无能力也无意志。他们抗拒 379 每一种定在的确定宗教，因为它同时就是一个学派；但假若真有可能，让他们自己遭遇到一种真正的宗教欲在他们当中形成这件事，那他们确实也会激烈反抗之，因为否则，由此就会形成一个学派了。所以说，你们抗拒实定的和任意的东西，同时就是抗拒一切确定的和现实的东西。如果一个确定的宗教不开始于一个事实，它就根本不能开始：因为必须要有一个基础在那里，而且只能是一个主观的基础，唯此才有某种东西被掏出来并被置于中心；而假如一个宗教不应是一个确定的宗教，那就根本不是宗教，而只是松散而无关联的材料。请记住诗人关于灵魂在诞生前的状态所说的吧：灵魂想要奋力抗拒降生，因为它恰恰不想成为这人和那人，而只愿是一个一般的人；这种对生命的拒斥，就是自然宗教对实定东西的拒斥，而这就是自然宗教信徒们的永久状况。

那么，如果你们认真的话，就回头来看看确定形态中的宗教吧，从这种开明的自然宗教回到被蔑视的实证宗教，在这里，一切都显得现实、有力和确定；在这里，每个个别的直观都有它确定的内容和与其他内容的一个固有的关系，每一种情感都有其本身的范围和其特别的关联；在这里，你们会遇到宗教性在任何地方的每一表现，和只有宗教才能把人置于其中的每种心灵状态；在这里，你们会让心灵的每一部分在任何地方得到精进，并发觉它的每一种作用在任何地方得到完善；在这里，一切公共的机制和一切个别的表达都证明具有应用于宗教的高价值，直到忘记所有别的东西；在这里，享有了用来观察宗教、传达宗教的圣洁热情和天真的渴慕，人们以它来迎视天力之新的启示，保证你们，没有什么被从这一点出发所能觉察到的要素所忽略，没有哪一点从这一瞬间消逝，而无一点纪念留存。你们看看所有直观宇宙的多样形态吧，在其中已经出现了每一个具体的类型；你们既不要被充满奥秘的幽暗、也不要被奇妙荒诞的眩迷所吓到，不敢给予狂想（Wahn）以空间，除非一切都愿只是非凡的想象（Phantasie）与诗篇：只管在你们的魔杖已经重击过的地方越掘越深，你们必将开显天道的朗朗明光。但是，你们确实也要看到神性的东西必须借用人性的东西；甚至不要对于宗教本身如何到处都担负着每个时代的文化踪迹，每一类型之人的历史踪迹视而不见，不要对于宗教如何常常必定以奴仆的姿态走来，向它周围的人和在它的修饰上表现其学徒及其居所的寒酸，好让你们给予应有的分别和分离，莫不关注；你们确实不要忽视，宗教如何常常在其发展上受到限制，因为人们不给其施行力量的空间，如何在首先的幼稚时期就悲惨地遭受恶待，陷入萎缩消亡。如果你们要把握整体，那就不能仅仅停留在几世纪以来光辉灿烂、统领伟大民族的那些宗教形态上，因诗人和贤人而呈现出了荣耀之光彩的，在历史上和宗教上是最值得注目的，它经常只是在少数人当中分享，而对庸凡之眼则深藏不露。

　　但是，如果你们也以这种方式将正当的对象整全地纳入眼帘，既要发现诸宗教的精神，又要透彻地理解诸宗教，这总还是一大难事。我还要再次警告你们，不要妄想从对于所有认信一个确定的宗教者都是共同的东西中，抽象出宗教的精神，你

380

381　们在此道路上千百次地出错，做着徒劳的研究，最终永远得不到宗教的精神，而只得到某些僵死的材料。你们一定要记住，从来还没有那个宗教已经完全变成了现实，你们要想了解它，唯有离它远点在一个有限的空间中探究它，你们可以做到对它进行补充，并且规定这个和那个必须怎样在它的里面形成，只要它的视野够得着这样远的话。你们不能铭记得太死板，一切只不过以发现它们的基础直观为目标，只要你们不具有个别事物的知识，所有这些知识对你们毫无帮助，你们要想拥有这些知识，就得等到你们能够从一说明一切个别事物。而且，用这个不过只是一个试金石（Prüfstein）的研究规则，你们将千百次地避免迷误：许多东西冲着你们而来，仿佛是有意的，目的就是引诱你们，许多东西挡住你们的路，目的就是让你们的眼光注目于一个虚假的方面。在所有事物面前，我请你们的眼睛不要放过在构成一个个别宗教之本质的东西（只要它是一种确定的形式和这种确定形式的一般表达）和将它们的统一性描绘为学派并将其综合为学派的东西之间的区别。宗教人士全都是历史的：这不是对他们最微不足道的赞美；却也是巨大误解的源泉。在他们本人已然能被直观（直观把自身构成为他们宗教的中心）充满的瞬间中，这个瞬间对他们来说永远是神圣的；它把神灵的一种直接作用表现给了他们，而神灵要是不指示一个瞬间，他绝不说，宗教中什么东西对你们而言是本质性的，绝不说，他在宗教中所取得的形态是什么。所以你们可想而知，这个瞬间对他们而言该有多么神圣，在这个瞬间中，这种无限的直观，总的说来，首先是作为一个真正宗教的

382　基础和核心才能立于世上，因为宗教在千秋万代和所有个体身上的整个发展，正是这样历史地与这个瞬间相联系，但宗教的这个整体和人类大批民众的宗教文化，哪是你们本身的宗教生

活和人格化表达的宗教的一个断简残篇所能比拟，它简直要无限大得多。这个事实因而以所有方式让宗教荣光溢彩，宗教艺术的所有装饰都是基于这一事实而累积起来的，把它作为至高神明最丰富、最慈善的神奇作用来膜拜，并且，如果不同这个事实联系起来设立和表达，绝不谈论他们的宗教，也没有哪个因素能设立起来。那么，如果不断提及的这个事实伴随着宗教的所有表达，并赋予这些表达以本己的颜色，那么就没有什么比同宗教本身的基础直观混淆了的这个事实更为自然的了。只是这没有把大家引到邪路上去，但这种观点几乎推延了所有宗教。所以，请绝不能忘记，一门宗教的基础直观，除了是对有限中的无限的一种直观、宗教的一个普遍要素之外，什么也不能是，但这个普遍要素也可出现在所有别的宗教中，而且如果宗教应该是完整的，它也必定会出现在别的宗教中，只是在别的宗教中它不能处在核心中。——我请你们不要把在宗教的英雄身上或者在神圣的原始文献中找到的所有东西视为宗教并在这些东西中去探究与众不同的精神。我并非认为这些东西微不足道，就是你们也不难设想，还是有这些东西，根据宗教的每一种尺度都完全是疏异的，而只是认为这些东西经常被混同于宗教了。请你们记得，那些原始文献是多么无意地造成的，不可能被看到，因此一切都遥不可及，不是宗教。而且要请你们思考，那个人物如何在各色各样的关系中活在世上，而不可能活在他们所能说并已经说过的每一句话上：这不是宗教，如果宗教说的是世俗智慧和道德，或者形而上学和诗歌，那这不是指，这必定也被挤进宗教中并在那些东西中也必定能够找得到宗教的性格。道德至少到处都应该只有一种，按照它们的差异性（而差异性总是有的），这应该是要被克服的，但宗教到处都不应该是一种，诸宗教不能自我区别。——比这一切更重要

383

的是，我请你们不要受两种敌对原则的引诱，它们普遍地并几乎在第一时间就试图扭曲和隐匿每种宗教的精神。很快到处都出现了这样的做法，在具体的教义原理中改变教义的精神，对于尚不能教化成符合其宗教精神的东西，要从此宗教中剔除出去；另一种做法，据说是出于对论争的仇恨，或者为了把宗教变成非宗教来接受（den Irreligiösen angenehmer），或者出于对事情的不理解和无知，出于缺乏感受力，把一切本质性的东西当作僵死的文字使之声名狼藉，以便让其失去规定性。你们要防备这两种做法：在强硬的体系构造者那里，在浅薄的无区别论者那里，你们发现不了宗教的精神，相反，唯有那些生活在宗教中如鱼得水的人，以及永远进一步在宗教中活动而又不沾狂妄之边的人，才能够完全把握宗教。

这种谨慎当心的尺度规则，是否能让你们成功地发现诸宗教的精神？我不知道，但我担忧的是，宗教也只能由自身来理解了，而且其特殊的建设方式和其性格上的区别，直到你们自身从属于某一宗教之后，才能对你们变得清晰起来。如何能够让你们幸运地弄懂遥远民族之粗拙而未受教化的宗教，或者把许多在希腊和罗马人的美丽神话中得以发展起来的宗教个体剔除出去，这对我是十分无所谓的，但愿他们的诸神伴随着你们。但如果你们靠近了至圣所，在这里宇宙以其最高的统一性被直观到了，如果你们愿意观察系统宗教的不同形态，不是外国的和陌生的，而是在我们当中也或多或少是现存着的，那么，你们是否能找到一个合适的立足点，从而必定能观看到它们，这对我就不能是无所谓的了。

尽管如此，我只应该谈论一种宗教：因为犹太教（Judaismus）早已是一种死的宗教，那些现在还带有其色彩的宗教，真正说来也是令人惋惜地坐在永不腐烂的木乃伊（Mumie）身旁，哭诉着它的离世和它悲惨的孤寂没落。因此之故我也不谈论犹太教，哪怕它还真像是基督教的前驱似的：我痛恨在宗教中的这种谈论历史关联的方式，宗教的必然性是一种更高的必然性，是永恒的必然性，而且在宗教中的每一开端都是本原的：但它有一个如此美丽的童真性格，而这种性格又能如此完全地被淹没，整个就是如此值得注意的腐化的例子，宗教整个地从它从前身处在其中的一大群中消逝了。请脱离一切政治性的东西吧，如果上帝愿意的话，也脱离道德的东西，因此宗教才具有一种普遍的性格；请忘记将国家与宗教联系起来的整个实验吧，我不说同教会联系起来；忘记犹太教在某种程度上曾经同时是一个教团（Orden），它基于一个古老的家族史，通过牧师们得以维持；请你们单纯地注目于其中这一切都不归属于它的真正宗教性的东西，并告诉我，什么东西是在宇宙中到处透露出微光的理念？没有别的，无非就是一个普遍的直接感恩（Vergeltung）的理念，一个关于无限东西本己地反作用于每一个个别的有限东西的理念，一个来源于任性的有限东西，被另一个不被视为来源于任性的东西注视到了。所以，一切被观察到的东西，生成与毁灭，幸运和不幸，本身只不过是在人的心灵内部不断变换着的自由与任性的一种表达和神性的一种直接作用。上帝的所有别的属性，也被直观到，按照这种规则表现自身，将永远在与这种规则的关系中被看到；奖赏、罪罚和试炼具体的事情具体地办，神性就这样完全被表象出来。门徒们曾这样询问过基督：是谁犯了罪，是这个人还是他的父母？[1] 他回答门徒们说：你们以为，这个人比

385

---

[1] 参见《约翰福音》第 9 章第 2—3 节："门徒问耶稣说：'拉比，这人生来是瞎眼的，是谁犯了罪？是这人呢，还是他的父母？'耶稣回答说：'既不是这人犯了罪，也不是他的父母犯了罪，而是要在他身上显示出神的作为来。'"

其他人犯了更多的罪。①——这就是犹太教之宗教精神的最鲜明的形态，这也是基督要针砭的东西。所以，到处都是平行论（Parallelismus），这并非偶然的形式，总能看到对话性的东西，这是在所有宗教性的东西中都会遇到的。整个历史，就像它是在这种刺激和这种反作用之间的一个持续变换一样，它被表象为神与人之间以言和行的一种对话，而一切能够统一起来的东西，只有通过在此行动中的平等性才存在。所以，这种伟大的对话关系保持在其中的传统的神圣性，只有通过落实（Einweihung）在此关系中才能达到宗教，在后来的时代还在小教派中发生争吵，他们是否真的具有这种持续的对话。正是从这种视野出发它触摸到，在犹太人的宗教中预言能力非常发达，非其他宗教堪与比肩；而说到预言，基督徒在它面前不过只是儿童。由于这个完整的理念是高度儿童性的，只在一个毫不复杂的小舞台上估算，整体是单纯的，行为的自然结果就不会被干扰或阻碍：但此宗教的信徒越宽广地行进到世界的舞台上，同越来越多的民族发生联系，就越困难地表达这个理念。

386 它不得不靠幻想把全能的主想说的话抢先说出来，并把这同一个瞬间的第二部分从辽阔的远方带到眼前，消除在此之间的时空距离。这就是一种预言，对此的追求长久以来必定无疑地，还永远地是一个主要现象，尽可能地攥紧那个理念，以它来抓住宗教。对弥赛亚的信仰，是它以巨大的努力产生出来的最终

---

① 参见《路加福音》第13章第1—5节："正当那时，有人将彼多拉使加利利人的血掺杂在他们祭物中的事告诉了耶稣。耶稣说：'你们以为这些加利利人比其他加利利人更有罪，所以受这害吗？我告诉你们，不是的。你们若不悔改，都要如此灭亡！从前西罗亚楼倒塌了，压死了十八个人，你们以为那些人比所有住在耶路撒冷的人更有罪吗？我告诉你们，不是的。你们若不悔改，都要如此灭亡！'"——这里译者之所以要把这两段原典引出来，是为了更好地让读者比照施莱尔马赫对待犹太教的态度及其与《圣经》原文的关系。

果实：一个新的君王应该到来，为了在那久已不闻主之声音的锡安（Zion），再次重建其往日的荣华，并通过将诸民族臣服于旧的律法之下，那个曾因它们而不和的集团，因他们的势力冲突和因他们风俗的多样性而中断了的那个简单进程，再度要普遍地变成世界事件。这个进程长期以来自我保存，就像一个仅存硕果，在其所有生命力从其根源中耗尽之后，直至最严酷的岁月依然孤悬于枯萎之茎，任凭残风将其干枯。这个局狭的观点给予这种宗教，作为宗教，一个短暂的延续。它死了，当其圣书被封存时，耶和华同他人民的交谈也被视为终结了。曾经与此宗教联系在一起的政治联合，还让一个孱弱的定在拖延了它的余生，它的外壳依然在往后继续保持，但在生命和精神早已消逝之后，残留下来的不过就是一种机械运动的令人难受的现象。

更辉煌的，更崇高的，令成熟的人类更崇敬的，更深入地渗透到系统宗教的精神之中的，更为宽广地播散于整个宇宙之上的，是基督教的原始直观。这种直观不是别的，就是看到一切有限者对于整体统一性的普遍抗拒，就是看出神灵如何处理这种抗拒的方式，它如何调解对自身的敌对，如何通过散布到整体之上的个别的点为越变越大的异化设立界限，这些点既是有限的同时也是无限的，即是人性的，同时也是神性的。腐败与拯救，敌对与和解，就是这种直观的两种不可分离、相互联系的方面，通过这种直观，一切宗教素材变成基督教的形态，它的整个形式得到规定。自然世界迈着越来越强健的步伐就是脱胎于它的完善性和永不消逝的美；但是，一切恶，以及有限者在它完全穿透其实存（Dasein）的疆域之前，必定消亡（这一事实）本身，是意志的一个结果，是个体本性之自私追求的一个结果，个体本性到处都从与整体的关系中挣脱出来，以

387

便把某种东西变成是为我的；死亡也就因此罪之故而到来了。道德的世界是从坏（Schlechten）到恶劣（Schlimmeren）的进步，无能产生出某种现实地存活宇宙精神的东西，为理智抹黑并脱离了真理，腐败了人心，缺乏任何在上帝面前的荣耀，抹灭了在有限本性的每一部分当中的无限者的肖像。与这些东西相关联，神的天命也能在它的一切表现中被直观到，不是注目于其行动中感觉得到的直接后果，不是将他带来的幸福和苦难纳入眼帘，不再阻碍或促进个别的行为，而只是考虑，控制这种大规模的腐败，无恩典地破坏不再能够挽救的东西，并以新的力量从自己本身中孕育出新的造化：所以他施行了征兆和奇迹，让事物的进程中断和动摇，他派遣了一些或多或少在他固有的灵中居住过的使者，把神力倾注到人间。同样，宗教的世界也被表象出来。当有限者亦欲直观宇宙时，它是在与之抗衡，永远追求，而不发现，并丧失已经发现了的东西，永远是388 片面的，永远是摇摆不定的，永远坚持站在个别的和偶然的东西一起，并永远还是意欲多于直观，丧失其目光的目标。任何启示都枉然。一切都被尘世的意义所吞噬，一切都被内在的非宗教原则所吸引，神遇到的永远都是新的活动（Veranstaltung），越来越庄严的启示凭借他的力量仅仅是从旧启示的母腹中发出，他设立越来越崇高的中介者在自身和人类之间，在每个后来的使者中他越来越内在地把神性与人性统一起来，因此，通过神性人类愿意向使者们学习，认识永恒的存在者，尽管如此，那个说人并不知晓上帝的灵为何物的古老抱怨，却不可能被消除。这个永恒的存在者，在其最本真的基础直观中直观基督教最多，在宗教及其历史中直观到宇宙最可爱，以至于把宗教本身改造为宗教的素材，因而仿佛是宗教的一个更高级次（Potenz），这造就了基督教最鲜明的性格，规定了它的整个形式。正因为它是以到处传播的一个非宗教原则为前提的，因为这构成了直观的一个本质部分，一切其余的都与这种直观相关，这就彻头彻尾是争战性的。

在向外传播上是有争战的，这是因为，为了把它最内在的本质弄清楚，必须把在伦理习俗和思维方式上的每一种腐败和到处存在的非宗教原则本身，揭露在一切事物面前。因此，它要毫不留情地揭露一切虚伪的道德，一切坏宗教，一切不幸的两者混合，通过这种揭露要把它两方面的弱点赤裸裸地揭示出来，直捣腐败人心最内在的秘密，以本己经验的圣火照澈在黑幕下掩盖的一切罪恶。所以几乎它的第一运动，就是摧毁它的同胞兄弟和同时代人们的最后期待，说除了达到更好的宗教，达到事物更高的观点并达到内在于上帝的永恒生命之外，意愿或期待其他的重建，都是反宗教和无神的。它大胆地带领异教徒跨越他们在生命和诸神与人类的世界之间所作的隔离。谁不生活、活动和实存于永恒之中，上帝对于他就是未识之神，[①]谁丧失了这种自然的情感，这种内在的直观，处在一大堆感性印象和欲望之中，也即处在其有限的感性中，宗教就还未到来。所以，他们到处掘开了粉饰过的坟墓，让死人的遗骨暴露在日光下。[②] 而他们若真是哲学家就好了，那就是基督教的第

389

---

① 参见《使徒行传》第 17 章第 27 节："神，或可揣摩而得，他其实离我们各人不远，我们生活、活动和实存都在乎他。"

② 参见《马太福音》第 23 章第 27 节。教徒在去巴勒斯坦朝圣的路上，若是碰到尸体和死人的遗骨，就被认为是最不吉不净的，而要是有人在朝圣的半路上遇到了不吉不净，简直就是一种灾难。所以，犹太人在逾越节前夕要把路旁的所有坟墓粉刷一新，以免朝圣者意外地碰到而沾染不吉。《马太福音》记载的这段耶稣说的话，是对所谓伪善者法利赛人的真实写照，他们表面上极其虔诚，可内心却充满丑陋和堕落，这就像是被粉刷过的坟墓，外面好看，里面却装满了死人的骨头和一切污秽的东西。

一批英雄，他们同样也会反抗哲学的腐败。他们确实在哪里都不会认错上帝肖像的基本特征，在所有的歪曲和蜕化中，他们确实看出了宗教的上天的萌芽；但是作为基督徒，他们主要关切事情是与宇宙的疏远，这种疏远需要一位中介者，所以他们通常说到基督教时，就是说到此事。

而基督教也是争战性的，甚至在它本身的界限内，在它最亲密圣徒的团契中，恰恰论战是那样的尖锐和激烈。除了在基督教中和通过基督教的原始前提，在哪里宗教都没有如此完善地被理想化；而且正因为如此，永远不断地同一切现实的东西进行抗争，在宗教中同时被确立为一项任务，一项永远不能完全做得完满的任务。正因为非宗教的原则到处实存着并产生影响，因为一切现实的东西同时表现为非圣洁的，一种无限的神圣性就是基督教的目标。绝不满足于已达成的东西，它也在其最纯粹的直观中，在其最圣洁的情感中，去探寻非宗教的踪迹以及一切有限东西背离宇宙并与之脱离的倾向。一位最年长的神圣作家，声音中散发出他的最高灵感，批评教区的宗教状况，在单纯的公众中崇高的使徒们直率地谈论他自己，而每个人都应该加入神圣团体，不只是（为了）激发灵感和教育别人，而且也是（为了）谦恭地献出他自己的（诚意）以供大家考核，没有什么应该被顾惜，连至爱至诚的东西也不，没有什么东西一旦迟钝就该被抛到一边去，连最普通的得到承认的东西也不。公开地（exoterisch）被赞美为神圣并作为宗教的本质被立于世界之前的东西，总还是要秘传地（esoterisch）服从于一个严格法庭的再三审核，以便把越来越多不纯洁的东西剔除掉，上天神采的光辉就越来越清朗地照耀在所有对无限者的直观上。正如你们在自然中所见，一堆复合的物质，它们把其化合力对付它之外的某种东西，一旦征服了这个东西或者建立起某种平衡，马上就陷入在自身内部发酵，从自身当中就分离出这个东西和那个东西：附着于基督教身上的具体元素和整体物质也是这样，它最终用它的论战力对付自身，永远操心的是，通过同外部非宗教的斗争吸收了某种异己的东西，或者甚至还将一种腐败的原则占有在自身之中，这样它也就不怕最剧烈的内部运动，而把它排除出去。

这就是根植于其本质的基督教的历史。基督教的教主说：我来并不是叫地上太平，乃是叫地上动刀兵，①他的温顺灵魂所能够意指的，不可能是说，我来就是为掀起那流血的骚乱，这完全是违背宗教精神的，也不可能是说，是为发动那场与活宗教不接受死材料相关的悲惨舌战，而只是这种从其学说的本质中必然形成的圣战，它预见到了这种争战，而当他预见到时，便奉行之。

但不只是基督教个别元素的性质，服从于这种持续的筛选，对宗教的永不知足感，也以在心灵中达到其持续不断的定在和生命为目标。在不能从心灵里感知到宗教原则知的每一个瞬间，非宗教的原则就被设想为主导的东西：因为只有通过对立面，其所是（das, was ist）才能被否定（aufgehoben），被取消。宗教的每一种中断就是非宗教。心灵是不可能在某一瞬间感到自身离开了对宇宙的直观和情感的，要是没有意识到自己已经敌对并疏远了它。所以，基督教首要的和本质的要求，就是宗教性在人当中应该有连续性，还要蔑视，一旦宗教只在某种程度上属于生活的部分并可能主导了这些部分，就居然满足于它最强烈的外部表现。宗教性绝不应该休止，没有什么应该全然与之对立，以致不能与之共存；我们应该从所有有限东西

391

————————

① 参见《马太福音》第 10 章第 34 节。

看到无限，心灵的一切感受，也不管它们是从何处起兴的，一切行为，也只要它们乐意让对象与之相关，我们就应该有能力让它们与宗教的情感和观点携手共进。这就是基督教精湛技艺（Virtuosität）的真正的最高目标！

现在，所有这些观点由之发源的基督教原始直观如何规定了其情感的性格，你们将不难发现了。你们将如何称呼一种能够指向一个伟大对象、你们也能意识到其无限性的一种永不知足的渴慕感呢？在你们发现神圣与凡俗，崇高与卑微有内在契合之处，什么东西抓住了你们呢？你们将如何称呼那种偶尔强迫你们要到处以这种契合为前提并到处要探索它的这种情绪（Stimmung）呢？不是它偶尔抓住了基督徒，而是它是所有基督徒宗教情感的主导音调，这种圣洁的悲情——因为这是语言呈现给我的唯一名称——每种乐和痛，每种爱与忧都伴随着它；甚至在他的自豪如同在他的谦卑中一样，它都是与一切事物相关的基本音调。如若你们擅长于从一些个别特征模仿一种心情的深沉，而不受那个上帝才知道其来源的混入了许多杂质的外来东西的纷扰，那你们就将在基督教教主中彻底发现这种主导的情感；如若一位只以某种质朴的语言留下了少量几页文字的作家，对你们而言并非太微不足道，只是为了引起你们注意到他，那从他的心腹之友留给我们的每个字中给我们发出的都是这种音调；甚至如若一个基督徒让你们洞见出其心情的至圣之所：确实，它就是这个至圣所。

这就是基督教。我并不想粉饰它的种种扭曲和它多方面的腐败，因为一切圣洁的东西，一旦变成人性的，成为其原始世界观的一部分，就不免腐败。我亦不欲把你们更深入地带进基督教的具体细节；它的种种言行（Verhandlungen）都在你们面前，我相信我已经给予你们引领你们穿过一切异常事物的

392

线索了，不用为出路担忧，尽可能地为你们作出最准确的概观。只请抓住这个线索，从最初开始就不要看别的，只注意那个最初的基本理念用什么自我发展出了明晰性、多样性和丰富性。当我在这个直到现在依然是宗教中最荣耀的崇高创世主的生平中，看到对他神圣形象的残缺不全的描写时，[①] 我并不惊叹其道德教训（Sittenlehre）的纯洁性，这不过只是说出了所有人，即凡达到了对其精神本性之意识的人，与他共有的东西，既非说出的话语，也非首先说出的话语能给予它更大的价值；我亦不惊羡其性格的独特性，即高尚力量与感人温厚的内在结合；——每个高贵、单纯的心灵，在一个特殊的处境中必须以特定的轨迹表现一种伟大的性格；这一切都不外乎人性的东西。而真正神性的东西，就是辉煌的明晰性，他为此而来的伟大理念即一切有限的东西都需要一些更高的中介以便与神性结合的理念，已经在他的灵魂里形成了这种辉煌的明晰性。欲将掩盖在和应该掩盖在基督教中的本源的面纱揭去，[②] 这是徒劳的鲁莽之举，因为宗教中的所有开端都是神秘的。敢冒亵渎之罪的冒失之举，都只能是对神性的歪曲，除非他真的是以其民族的古老理念为出发点，但他只不过是想说出对此理念的否定，而且事实上，当他断言，他就是他们所期待的这个人时，

393

---

① 对于施莱尔马赫而言，《约翰福音》是耶稣故事的关键证据。

② 启蒙运动首先就是要揭去基督教"神秘的"面纱，但施莱尔马赫却认为这层面纱是揭不掉的。有意思的是，施莱尔马赫之姓，是由德文的"面纱"（Schleier）和"制造者"（Macher）两个音节组成：Schleiermacher，所以当年浪漫派中的友人施莱格尔（August Wilhelm von Schlegel）也曾赋诗一首讽刺他：

把赤裸裸的真理蒙上一层面纱，

是聪明的神学家的勾当，

在干这种勾当时，

面纱的制造者总是教义学大师。

他是在一个太了不得的形式中说出来了。^①我们还是不管这些，而只这样来观看充满其整个心灵的对宇宙的生动直观，我们如何在他内心找到它并陶养至完善。如果一切有限者都需要一个更高的中介，为了自身不是越来越广地同宇宙疏远，流于空疏和虚无，为了保持他同宇宙的联系并达到对宇宙的意识，那么这个中介者，本身却不可再需要一种中介，不可能单纯是有限的；他必须属于两者，即必须分有神的本性，同样并正是在此意义上，他也分有有限的本性。但他把他周围的什么看作有限之物并需要中介，在哪里除他之外还有中介者呢？除了子和他愿意启示给谁之外，无人能识父。^②对他宗教性之唯一性的这种意识，对他观点本源性和对他自我传播并激发起宗教的

394 这种力量的意识，同时就是对他的中介者职权和他神性的意识。当他，站在其敌人的野蛮暴力面前，没有了能活得更久的希望时，我不愿说，这是不足挂齿、微不足道的；但他既不永远沉默于概念中，也从不观看他的门徒实际建立的什么团契机构，面对陈旧腐化的宗教之张灯结彩的华丽，显得强大而有力，涵括了所有能引起敬畏并要求服从的东西，涵括了所有他本身敬重并从孩童时起就被教导要敬重的东西，他，唯有他，除了这种情感的支持外没有任何别的支持，而且他，并不指

---

① 猜测这里是影射莱辛（Gotthold E. Lessing）在他同汉堡主教戈策（Johann M. Goeze）争论期间，匿名出版了《论耶稣及其门徒的目的》（*Von dem Zwecke Jesu und seiner Jünger-Noch ein Fragment des Wolfenbüttelschen Ungenannten; Braunschweig*, 1778），他也引用了莱马努斯（Hermann S. Reimarus）的《对理性地尊敬上帝的申辩和辩护书》（*Apologie oder Schutzschrift der vernünftigen Verehrer Gottes*）。对此可参见《莱辛著作集》（卷七）（*Lessing: Werke 7*），第 546 页。

② 参见《马太福音》第 11 章第 27 节："一切所有的，都是父交付我的。除了父，无人知子，除了子和子愿意指示的，无人知父。"

望,（有谁）说出世人随时都说的最伟大的（肯定性）话语"是的"（Ja）：这就是最光彩的神化（Apothese），没有什么神性能比这种自我确立自身更为确实的了。——以这种对自己本身的信心,谁还能惊异,他确实是,不仅是许多人的中介,而且还留下了一个伟大的教派,这个教派就是从他的言行中推演出他们的共同宗教；这是如此确实,以至于在此教派还未实存之前,他就为它设立了信纲（Symbole）,他如此坚定地这样做,就在于确信这信纲足以让教派实存起来,而且,他还更早地在信徒当中,以一种先知般的热情论及了他的位格之不可磨灭的永恒性（Verewigung）。但他从未断言,其理念应用的唯一客体,就是这个唯一的中介者,他也从未把他的教派混同于他的宗教——他能忍受,有人把他中介者的威严搁置一旁,只要他的宗教在他和别人当中由之发展出来的精神和原则,未被亵渎的话①——这种混同也与他的门徒不相干。门徒约翰,他可只是很不完全地分有了基督的基本直观,他们却毫不犹豫地把他视作基督徒,并被他们接纳为这个会社的正式会友。而且现在也还应该就是如此。谁把这种直观在其宗教中作为基础,就是一个基督徒,不管是什么教派,他能够将他的宗教历史地从自己本身中或者从某个他人中推演出来。他从来没有为应该是从他的基本直观出发的整个宗教范围,放弃他本身能够传达的直观和情感；他总是以在他看来终将到来的真理为旨归。他的门徒也是如此。他们没有为圣灵设置过界限,其无所限制的自由和其启示贯通无阻的统一到处都为他们所承认；而后来,当圣灵初度的花季已过,似乎其作为已休,以至于许多人未经允

395

---

① 参见《马可福音》第 3 章第 28—29 节："我实在告诉你们,世人一切罪和一切亵渎的话,都可得赦免；但凡亵渎圣灵的,却永不得赦免,乃要担当永远的罪。"

许地就把包含在圣书之中的这些作为，阐释为宗教的一种封闭的法典，这种看法只是为那些视圣灵的休眠为其死亡的人所持有，对于这些人而言，宗教自身已经死了，但所有还在自身中感觉得到宗教之生命或在他人中感知到这种生命的人，对这种反基督教的苗头总是表现出反抗。圣书都是靠自身的力量成为《圣经》的，但它们都不禁止其他书籍也是或者也成《圣经》，而且以同样之力写成的东西，还总是乐于结伴而行的。

由于遵循这种不受限制的自由，遵循这种本质的无限性，基督教的主导理念也被神的中介力量以多种方式发展了，而且，所有对于神的本性就居住在有限本性中的直观和情感，都在基督教内部发展至完善。所以，神的本性也以一种本己方式居于其中的圣书，很快就被视为一位合乎逻辑的中介者，以便为有限而堕落的理智本性提供中介以认识神性，另一方面，圣灵——以这个词后来的意义——被视为一位伦理的中介者，以便他们在实践上接近神性；而且，基督徒的大量派系现在还甘愿把每个基督徒解释为一个中介性和神性的存在者，这个存在者能够通过一种神性生命或者任何一种别的神性印象，而且也只是为了一个小圈子，证明自己就是向着无限去生存的连接点。对于其他人而言，基督一直就是唯一和一切，而且其他人必须把自己本身或这个或那个自为的东西解释为中介者。在所有这一切东西中，无论形式和质料上常常会有什么缺陷，只要原则是自由的，它就真正是基督教的。所以，在与基督教的这个中心点的关系中，其他一些直观和情感表现了出来，关于这些丝毫没有什么处在基督和圣书中，更多的将在后续中表达，因为宗教中的巨大区域还未能改造为基督教，还因为基督教有一个长久的历史，不管人们对它迅速的或者已经产生的没落说了什么。

　　它怎么也该没落呢？基督教活的精神经常而长久地处在昏睡中，在一种僵化状态中将自身退缩到文字的死壳里。但它一再地苏醒过来，只要精神世界里的气候变换有利于它的复活，促动其血液循环。这还将是经常的。每种实证宗教的基础直观本来是永恒的，因为它是无限整体的一个成全性的部分，无限整体中的一切都必定是永恒的，但直观本身和它的整个教养是可逝的；因为基础直观简直是洞见到了宗教的中心，不仅某种特定的心理倾向、而且人性的某种特定状况都属于这个中心，甚至，直到现在，宇宙也唯有在这种状态中才真正能被直观到。如果人类只是在宗教的外围兜圈子，在其进步的轨道中远离了这个中心，乃至不可能再返回，那么那个直观，作为基础直观的尊严也就被失去了，而且宗教不再能够在这种形态中实存了。一切幼稚的宗教都来自那一时代，即人类还没有意识到其本质力量的时代，它的情况早已就是这样的：这是一个将人性的各种力量汇集起来作为前世的纪念碑，并储存在历史的杂志中的时代；其生命已逝并一去不复返。超越于这一切之上的基督教，有其更为历史、更为谦恭的荣耀，强调承认其本性的这种短暂性：它说，有一个时代将会到来，在那时将不再谈论中介者了，而圣父就是一切中的一切。[①]但这个时代应该在何时到来？我担忧的是，它处在一切时间之外。在人性的和有限的事物中，一切伟大而神圣的东西具有腐朽性，这占了基督教原始直观的一半；一个时代真该到来？在那里，这些东西我并不想说再也不会感知到了，而只想说再也不会强行出现。在那里，人性如此千篇一律和平静地进步，以至于简直不再注意到，它如何偶尔被一阵飞飘而过的逆风驱回到它驶过的大

397

---

　　① 参见《哥林多前书》第15章第28节。

洋，只有这位以星宿计算其航程的舵师才能知道，其余的人绝不会有一种伟大和值得注意的直观？我倒愿意有此直观，并站在我所敬重的宗教废墟之上。所有改善这个腐朽之物的原始地方，以及有限之物与神性的每一次新的和更加切近的统一，都确实是光辉的神圣之点，这是基督教原始直观的另一半：一个时代随时应该到来，在那里，这种牵引我们至宇宙本体的力量能如此平等地分配在人类大众当中，使得它不再为了他们而去做中介者的工作呢？我愿意并乐于帮助使每个鹤立鸡群的伟人平等，但这种平等诚然比任何别的平等都更少有可能。腐

398 朽的时间降临在所有尘世事物的面前，据称这也是神的本源，上帝派来新的使者变得必须，为了以崇高之力把畏缩不前者（Zurückgewichene）拉到自身之旁并以天火净化腐朽之流，进而言之，人类的每一这个时期都将是基督教的重生（Palingenesie），唤醒其精神在一新的、更美丽的形态中。

　　但现在，如果将永远有基督徒的话，基督教在其普遍传播中也因此应该是无限的，并作为人类中宗教的唯一形态，是仅有的主导宗教吗？它蔑视这种专制主义（Despotismus），它足以尊重其自身的每个要素，哪怕把它直观为一个本己整体的中心点也乐意为之；它不仅愿意在自身内将无限性推至极致，而且也在自身之外直观它。绝不忘记，在其自身的腐朽性中，在其自身悲哀的历史中，有其永恒性的最好证明，并且一再地期待从它恰好受其压抑的痛苦中出现一种拯救，它乐于看到在这腐朽的东西之外，产生另一种宗教和宗教的更年轻形态，紧密地靠近自身，从一切点，也从那个把基督教视为一般宗教之最外在而可疑的界限的领域中出现一种拯救。诸宗教的宗教，不能为其最内在直观的最本真方面收集足够的素材，正如没有什么能比促成一般人性的形式一律更反宗教一样，也没有什么

能比在宗教中寻求形式一律更为非宗教。

　　就让宇宙以一切方式被直观和被崇拜吧。宗教的无数形态都是可能的；如果每种可能的宗教都在某一时间变成现实，是必然的话，那么，在每个时代都会有许多宗教被约摸感觉到，这至少是可企望的。伟大的契机必定罕见，在这里万物聚集，为了保障其中的一个有一广博扩展和永续的生命，在这里同样的见解同时在许多人心中并不可抗拒地发展，他们都被神的同一印象深深打动。但是，不能指望于一个时代，它如此明显地在事物的两种不同秩序之间就是界限！只要目前的这个强大危机过去了，它也能带来这样一个契机，而且，一个以创造性天才为旨归的先知的灵魂，现在就已经能够密示这一点，必将成为未来世代直观宇宙的中心点。但不管这一点终将如何，也不管这样一个契机还要多久到来：宗教必将出现一些新的景象，而且很快，这些新的景象也该长期只在个别、短暂的一些现象中被感知到。一个新的世界（Schöpfung）总是从"无"（Nichts）中创造的，而在当今时代的所有人当中，如果他们的精神生命奋发有力而丰满，那么宗教对他们而言几乎就是无。在许多人心中，宗教将从一个由无数因缘（汇聚而成的契机中）发展起来，并在一个新的基地上培育成一个新的形态。矜持而羞怯的时代据称已成过去了。宗教讨厌孤独，特别是在青年时代最为讨厌，因为对于万物而言这是爱的时代，而爱是要在令人憔悴的渴慕中度过的。如果宗教在你们心中发展，如果你们内心感应了宗教生命的初始脚印，那就立刻进入一个不可分离的神圣团契中，它接纳一切宗教，每一种在其中都能独立地繁荣。你们以为，由于众圣徒分散而远离，你们说的话也就必定只能给不圣洁的耳朵听吗？你们问，何种语言足以神秘，言语，文字，行动，精神的静穆表情？每种都神秘，我

399

答曰，你们看，我就没有畏惧过最纯洁的语言。在每种语言中，神圣都保持奥秘，在俗人面前隐蔽。让他们尽情地啃这外表的纱巾；但不要阻止我们崇拜将在你们心中存在的上帝。

责任编辑：张伟珍
版式设计：王　舒
封面设计：王春铮

图书在版编目（CIP）数据

论宗教／〔德〕施莱尔马赫著；邓安庆译 . - 北京：人民出版社，2011.9
（2020.9 重印）
ISBN 978 - 7 - 01 - 010004 - 3

I. ①论… II. ①施… ②邓… III. ①宗教 - 研究 IV. ① B91

中国版本图书馆 CIP 数据核字（2011）第 122503 号

本书获香港汉语基督教文化研究所授权出版简体字版

图字：01-2011-3607

原书名：Über die Religion: Reden an die Gebildeten unter ihern Verächtern
原作著名：F.D.E.Schleiermacher

论 宗 教
LUN ZONGJIAO

〔德〕施莱尔马赫 著　邓安庆 译

人民出版社 出版发行
（100706　北京朝阳门内大街 166 号）

环球东方（北京）印务有限公司印刷　新华书店经销

2011 年 9 月第 1 版　2020 年 9 月北京第 2 次印刷
开本：710 毫米 × 1000 毫米 1/16　印张：14.5
字数：148 千字　印数：5,001 - 8,000 册

ISBN 978 - 7 - 01 - 010004 - 3　定价：46.00 元

邮购地址 100706　北京朝阳门内大街 166 号
人民东方图书销售中心　电话（010）65250042　65289539